24.-

Erich Bauer

Tarot — Quelle therapeutischer Wandlung

ERICH BAUER

TAROT

Quelle therapeutischer Wandlung

NEW AGE

CIP-Kurztitelaufnahme der Deutschen Bibliothek

Bauer, Erich
Tarot – Quelle therapeutischer Wandlung / Erich Bauer. –
München: New Age Verlag, 1982
ISBN 3-922924-05-0

2. Auflage 1984

Cover: Lora Weber, Wien
Illustrationen: Linde Famira, Stuttgart
Satz: werksatz gmbh, Freising-Wolfersdorf
Druck: Heichlinger Druckerei GmbH, München
Printed in Germany

Auslieferung und Vertrieb:
New Age GmbH, Bücher & Schallplatten
Neureutherstraße 27, 8000 München 40
Telefon (089) 2717778, W.-Germany

Inhalt

Die Geschichte des Tarot ... 7
Tarot – eine Anleitung zur Bildmeditation ... 11
Die Trumpfkarten oder das Große Arkanum ... 13
Das Kleine Arkanum – Die Karten 1–10 ... 62
Die Hofkarten ... 106
Legetechniken und Beispiele ... 124
- Allgemeine Vorbereitung ... 124
- Die Tageskarte ... 124
- Ein Tarot-Zauberspruch ... 125
- Das Keltische Kreuz ... 128
- Das Kreuz ... 133
- Der Kreis ... 135
- Zigeuner Tarot ... 137
- Bewußt – Unbewußt – Kosmisch ... 142

Die Kunst des Tarotspielens ... 143
Tarot in der Gruppe ... 151
- Begegnung mit Tarot ... 152
- Encounter mit Tarot ... 152
- Partnerwahl mit Tarot ... 153
- Trance und Tarot ... 153
- Tarot und Freies Theaterspiel ... 154

Tarotbücher und Tarotkarten ... 157
- Rider-Waite Tarot ... 161
- Royal-Fez Maroccan Tarot ... 161
- Aleister Crowley Thoth Tarot ... 162
- The Secret Dakini Oracle ... 162
- Morgan Greer Tarot ... 163
- The Goose is Out ... 164
- Zu den Karten von Linde Famira ... 164

Wie man Tarotkarten erwirbt und aufbewahrt ... 165
Literatur ... 167

Dieses Buch wäre nie entstanden ohne Bhagwan,
das Wali-Zentrum und alle, die mit mir
Tarot spielten.

Erich Bauer
(Swami Anand Nirmal)

Die Geschichte des Tarot

Irgendwann fragt jeder Tarotspieler nach der Geschichte des Tarot: woher die Karten stammen, wie alt sie sind und wer zuerst mit ihnen gespielt hat. Er sucht in Büchern, vielleicht sogar in Bibliotheken und Museen.
Meine Geschichte des Tarot stammt von einem Italiener, den ich in Afghanistan traf. Er hatte sie von einem alten Zigeuner aus den Abruzzen. Wer noch mehr über die Herkunft der Geschichte wissen will, muß ihn dort suchen.
Das ist seine Geschichte des Tarot:
„Vor vielen tausend Jahren, noch vor dem großen Wasser und sogar noch vor dem gewaltigen Erdbeben, war noch das Land Atlantis. Atlantis war groß, es reichte von einem Ende der Welt bis zum anderen. Die Menschen waren glücklich und weise, und es gab niemanden im ganzen Land, der nicht teilhatte an diesem Glück. Es war wunderbar auf Atlantis. Die Menschen liebten sich, und sie lebten im Moment, offen für die Schwingungen des anderen. Sie gestalteten ihr Leben, aber sie hatten keinen Plan, den sie erfüllen mußten. Sie waren Frauen und Männer und manchmal beides zugleich. Sie waren Weise und Narren, und niemand sah einen Unterschied. Sie liebten das Leben und den Tod. Sie redeten mit den Bäumen und verstanden die Winde. Die Sterne waren ihre Ratgeber, und so wußten sie auf die Minute genau den Zeitpunkt ihres eigenen Untergangs. Sie kannten den Lauf der schwarzen Sonne, die ihre Erde in eine neue Bahn werfen würde.
Dieses Wissen änderte nichts an ihrem Leben.
Sie näherten sich dem Tag ihrer Auflösung ganz genauso wie jedem anderen Tag.
Nur manchmal dachten sie daran, wie sie ein Zeichen von Atlantis hinüberretten könnten in die neue Welt. Sie wollten kein Buch schreiben, weil sie nicht wußten, welche Sprache in der neuen Welt gesprochen würde. So gestalteten sie ihr großes Wissen zu Bildern. Zuerst benutzten sie 78 riesige Tafeln aus unzerstörbaren Stoffen, die sie in 78 wasser- und feuerfesten Gefäßen der Nachwelt übergeben wollten. Aber sie ahnten, daß diese Tafeln in Museen und alten Bibliotheken verstauben würden. Ihr Wissen sollte lebendig bleiben und nicht nur Priestern, Altertumsforschern und Königen zugänglich sein.

Da entschlossen sie sich, Spielkarten zu gestalten. Spielkarten würden überall in der Welt herumkommen. Könige könnten sie auf dünne Goldfolien drucken, Priester in Altäre fassen, Soldaten und Reiter könnten sie in ihre Taschen packen und der Bauer in seinen Rock. Atlantis ging unter, wurde völlig zerstört und aufgelöst. Aber die 78 Karten blieben. In Gold, in Marmor und auf einfachem Papier. Hinter Klostermauern, in prunkvoll verzierten Schatullen, auf Wirtshaustischen und im vergilbten Beutel der Zigeuner."

„Willst du wissen, was Atlantis dir zu sagen hat?" Babo, so hieß der Italiener, breitete mit einem großen Schwung die Karten vor mir aus. „Ziehe drei Karten mit deiner linken Hand." Plötzlich war ich selbst ein Teil der Geschichte über Atlantis und über das Tarot geworden. Ich saß mit Babo, dem Magier, in einer Kaschemme in Kabul. Die Zeit war stehengeblieben. Eingehüllt in den Rauch der großen Wasserpfeifen, veränderte sich mein Bewußtsein. Ich trat an den Rand einer anderen Welt. Ohne richtig zu entscheiden, wie in Trance, hatte ich drei Karten ausgewählt, die Babo dann umdrehte. Er sah mich lange an.

„Kelchkönig, der Mond und der Sternkönig. Der Mond steht zwischen zwei Königen. In dir geschieht eine große Verwandlung. Vielleicht bist du Arzt oder Therapeut, auf jeden Fall bist du ein Mensch, der für andere da ist. Du kannst andere verstehen, dich in sie hineinversetzen. Andere Menschen öffnen sich dir gegenüber, vertrauen dir, erwarten Hilfe und Trost."
Babo machte eine Pause und sah mich an. Ich nickte. „Es ist gut, die Geheimnisse des Kelchkönigs zu kennen. Er ist der König des Wassers. Wasser tröstet, es löscht das brennende Feuer der Verzweiflung. Auch Tränen sind eine Form des Wassers. Aber du mußt weitergehen, dich wandeln. Du suchst den Sternkönig. Wasser und Tränen trösten die Seele, aber der Stern erlöst sie. Der Sternkönig kennt das Leben, er hat alles erfahren. Jetzt sucht er das Licht der Unendlichkeit. Diese Wandlung ist sehr schwierig für dich. Die Suche nach dem neuen Menschen bringt große Zweifel. Du verlierst immer wieder deinen Weg. Auf den Mond ist kein Verlaß. Er ist launisch wie der Wind und wie die Seele der Frau. Nur sie weiß ihn zu nutzen. Dir bringt er Unsicherheit und Verzweiflung, du irrst wie im Nebel, der das Licht verschluckt, das du suchst." Wieder mußte ich nicken. Ich kannte dieses Gefühl, und ich wußte, daß

der Mond in meinem Horoskop eine ganz entscheidende Rolle spielt.
„Was kann ich tun?"
Babo, der Magier blickte in meine Augen, tief in mich hinein. Er zog eine vierte Karte für mich. Es war die Kaiserin. „Vertrauen", sagte er. „Vertraue dir und vertraue dem Leben. Das ist die große Mutter der Existenz. Sie trägt dich in ihrem Bauch. Was immer du tust, habe Vertrauen. Das ist die geheimnisvolle Botschaft von Atlantis für dich."

Tarot
Eine Anleitung zur Bildmeditation

Tarotkarten muß man sich selbst erarbeiten. Alle Bücher und Anleitungen sind nur Starthilfen für den eigenen Weg. Tarot ist ein Spiel mit der eigenen Seele. Jeder muß selbst entscheiden, wann, wie oft und auf welche Weise er es spielt.
Für den Anfänger ist es ganz besonders wichtig, sich nicht gleich von einem Buch in eine bestimmte Richtung führen zu lassen.
Vielleicht hast du ein neues Tarotspiel erhalten. Stelle dir vor, daß du einen geheimnisvollen Schatz in deinen Händen hältst.
Du mußt wissen, daß die Karten immer nur dich widerspiegeln: Wenn du sie achtest wie einen guten Freund, werden sie dir auch so antworten, weise und gütig. Wenn du gleichgültig mit ihnen umgehst, werden auch ihre Antworten nichtssagend sein.
Frage die Karten an einem ruhigen Ort mit angenehmer Schwingung. Gestalte das Spiel mit den Karten zu einer Feier, zu einer Meditation. Entzünde Kerzen und Räucherstäbchen, wähle eine passende Musik aus und finde eine wirklich bequeme Sitzgelegenheit.
Du beschwörst den Geist des Tarot.
Mische die Karten so ausgiebig, daß du sicher sein kannst, jede Karte kurz berührt zu haben. Dann lege sie verdeckt in einem großen Halbkreis vor dir aus.
Jetzt achte nur auf deinen Körper. Wie du sitzt, wo du verspannt bist, wo du Kontakt hast mit dem Sessel, mit dem Boden.
Entspanne dich! Laß los!
Lockere deine Muskeln, deine Schultern, den Nacken, den Kopf, die Kieferknochen, die Hände.
Entspanne dich!
Du spürst deinen Atem, wie er in dich eindringt, dich erfüllt und wieder ausströmt, eins wird mit dem Raum, der dich umgibt.
Du bist der Raum, und der Raum ist in dir.
Du bist im Hier und Jetzt, ruhig und entspannt.
Nun lasse deine linke Hand über den Halbkreis der Karten streichen, langsam und behutsam, wie in Trance. Achte auf die

Schwingungen der Karten, ergib dich ganz deiner Intuition, deinen Ahnungen.
Irgendwann entscheidet sich deine Hand und wählt eine Karte aus. Decke sie auf und betrachte sie. Lasse sie einfach einwirken und höre auf die Antworten deiner Seele.
Laß dich vom Geist des Tarot inspirieren, laß dich davontragen in seine geheimnisvolle Welt. Erst dann solltest du dieses Buch befragen. Erst dann kann ich dir sagen, was ich gefunden habe, und wir können uns austauschen – uns ergänzen.

Die Trumpfkarten oder das Große Arkanum

Die Trumpfkarten sind die 22 wichtigsten Karten im Tarot. Viele Tarotmeister beziehen sich nur auf sie und beschreiben gar nicht die 56 anderen Karten des Spiels.
Manche Trumpfkarten haben einen religiösen Inhalt, wie die Hohepriesterin und der Hierophant. Andere haben einen Bezug zur Welt der Magie, wie der Teufel und der Magier. Es gibt Karten, die sich auf den mittelalterlichen Hof beziehen, wie der Triumphwagen, die Kaiserin und der Kaiser, und es gibt solche, die einfach Stationen des Lebens widerspiegeln, wie die Liebenden, der Tod und die Zerstörung. Vier Karten haben einen deutlichen Bezug zur Astrologie: die Sterne, der Mond, die Sonne und die Welt. Manche Karten symbolisieren Stufen menschlicher Verwirklichung, wie der Narr und der Eremit. Es gibt Bilder, die auf den ersten Blick seltsam und rätselhaft wirken, wie die Gestalt, die mit dem Kopf nach unten hängt oder der Wagenlenker mit den beiden Sphinxen.
Manche Karten lösen Angst aus, wie der Teufel und der Tod, und bei anderen freut sich das Herz, wie beim Bild der Liebenden oder der Karte der Sonne.
Niemand weiß genau, wer die Karten so zusammengestellt hat, warum gerade diese 22 Bilder ausgewählt wurden. Jeder Tarotmeister und letztlich jeder Tarotspieler muß sich seine eigene Erklärung suchen.
Nach manchen Schriften waren es die Ägypter, die 22 Meditationstafeln besaßen. Tempelpriester wurde nur, wer alle Bilder verstanden hatte.
Andere glauben, daß das Ursprungsland des Tarot Indien war und daß die ersten Karten Abbildungen des Gottes Vishnu waren. Darüber, wer die Karten nach Europa gebracht hat, gibt es ebenfalls verschiedene Meinungen. Manche sagen, es waren die Zigeuner. Andere behaupten, die Kreuzritter hätten sie von ihren langen Reisen mitgebracht. Jedenfalls waren es zwei völlig verschiedene Gruppen, die die Karten in Europa verbreiteten: esoterische Schulen, die in den Karten einen geheimnisvollen Schlüssel zum Verständnis ihrer Lehren sahen, und die Zigeuner, die sie zum Wahrsagen benutzten. In unserem Jahr-

hundert fand man einen neuen Zugang zu den Karten. Eigenwillige Lehrer der Tiefenpsychologie, die weit in die Seele hineinzusehen wußten, deuteten die 22 Trumpfkarten als Bilder der unbewußten Seele. Tief im Inneren trägt der Mensch die gleichen Symbole, Stimmungen und Bedeutungen wie sie in den Tarotkarten eingefangen sind. Durch die geheimnisvolle Entsprechung zwischen dem Seelenzustand und der Karte, die gerade aufgedeckt wird, erfährt der Mensch sich selbst. Er hebt ins Bewußtsein, was verborgen ist. Die Karten werden zum Spiegel seiner Seele.

Sigmund Freud verglich das bewußte Ich, jenen Teil, den wir von uns kennen, mit der Spitze eines Eisbergs. Der weitaus größte Teil der Seele treibt unerkannt im Meer. Der Mensch weiß nur wenig über diesen Teil, aber er spürt ihn ununterbrochen: Nachts, wenn ihn seine Träume in eine seltsame Wirklichkeit tragen, und am Tag, wenn seine Stimmungen wechseln wie die Launen des Windes. Er ist glücklich und zufrieden, im nächsten Moment traurig und verstimmt. Er ist eifersüchtig und hat keinen Anlaß dazu. Er ist niedergedrückt und findet keinen Grund.

In seiner Hilflosigkeit entdeckt der Mensch die Tarotkarten. Er wäre ein Narr zu glauben, er könne durch die Karten sich und seine Seele völlig verstehen oder gar erlöst werden. Aber er ist weise, wenn er mit Hilfe der Karten Licht in seine Seele bringt. Das Seelenleben des Menschen ist nicht statisch. Niemand ist immer fröhlich oder immer gedrückt. Die Seele schwingt von einem Zustand zum anderen und niemand weiß, welchen Weg sie geht. Immer wieder hat der Mensch versucht, das Rätsel zu lösen, wohin sein Leben ihn trägt. Er ging zu Priestern und Zauberern, fragte das Orakel und die Sterne, und immer stellte er die gleichen Fragen:

Woher komme ich?
Wohin gehe ich?
Was muß ich tun?
Wer bin ich?

Die Rätselmeister der Jahrtausende fanden Zeichen, die Antwort geben sollten auf diese Fragen: Im Flug des Kranichs sah der Seher den Rat der Götter, und mit Hilfe geweihter Federn und Knochen sprach der Schamane mit den Geistern der Zukunft.

Sieben Halme braucht man, um mit Hilfe des *I Ging* eine Antwort auf eine Frage zu erhalten. *Lila,* das kosmische Spiel, reicht dem Menschen einen Würfel. So wie er fällt, bestimmt sich sein Schicksal.

Im Spiel mit den Tarotkarten erhält der Mensch Antwort durch die Karten, die er zieht und aufdeckt.

Jemand spielt Tarot. Es ist ein Mann, und er legt die Karten, damit sie ihm einen Grund nennen für seine Eifersucht. Er deckt die Trumpfkarte XV auf, den Teufel. Er sieht den Dämon mit den beiden Menschen, Mann und Frau, die an ihn gekettet sind. Das Bild trifft ihn. Ohne genau zu wissen warum, spürt er eine Verwandtschaft zwischen seinem Gefühl, seinem seelischen Zustand und dem Bild: Ob er das ist, der da angekettet ist zusammen mit seiner Frau? Ist er abhängig von ihr, oder werden beide gequält von einem wilden Dämon? Wie kann er denn frei werden von den Ketten? Der Mann erforscht die Karte und damit seine Seele. Die Symbolik der Karte lenkt sein Suchen, sein Spüren in eine ganz bestimmte Richtung. Er betrachtet sein gegenwärtiges Leben im Lichte der Karte des Teufels. Die Symbolik der Karte, die Atmosphäre und der Klang des Bildes finden in der Tiefe der Seele eine Entsprechung. Teilstücke des Eisberges brechen ab und tauchen an die Oberfläche des Ozeans. Der Mensch wird sich seiner Situation bewußt. So verstanden, ist das Spiel mit den Karten ein psychotherapeutischer Prozeß. Jede Karte hebt einen anderen gerade aktuellen Aspekt der Seele ins Bewußtsein.

Die Tarotkarten antworten durch Bilder, nicht durch Erklärungen, wie zum Beispiel das *I Ging* oder das *Lila*spiel. Der Geist des Tarot dringt in die Seele durch Farben und Formen. Er spricht die Sprache des Unbewußten, das sich, wie wir aus Träumen und aus tiefenpsychologischen Studien wissen, in Bildern ausdrückt. Auch die frühesten Ausdrucksformen der Menschheit waren Bildersprachen.

Die Erklärungen und Deutungen der Bilder, wie ich sie hier versucht habe, sind für den Menschen gedacht, dem der unmittelbare Zugang zur Seele allein durch das Bild schwerer fällt. Meine Sätze und Worte sollen eine Hilfe sein, um bildhaftes Schauen anzuregen.

Im folgenden werden die 22 Trumpfkarten anhand von drei Überschriften dargestellt: **Zustand, Bedeutung** und **Aussage.**

Der **Zustand:**
Hier wird der Mensch beschrieben, der durch eine bestimmte Trumpfkarte gekennzeichnet wird. Der Zustand seiner Seele, seine Gedanken und Stimmungen, die Art, wie er sich und die Welt erfährt und erlebt.

Die **Bedeutung:**
Um die Bedeutung einer Karte zu finden, muß man sich lange und intensiv mit ihr beschäftigen. Oft saß ich stundenlang vor einer Karte, spürte mich hinein, suchte, rätselte. Aus meinen Gruppen und aus vielen Tarotsitzungen kannte ich auch die Antworten anderer Menschen. Ich hatte auch die meisten Tarotbücher gelesen. Das alles gab meinem Suchen eine bestimmte Richtung, brachte immer mehr Klarheit und Stimmigkeit. Viele Tarotspieler haben eine Lieblingskarte, die sie immer wieder aufdecken. Ich mußte mich nur in diesen Menschen hineinspüren, um mehr über die Bedeutung seiner Karte zu erfahren.
Mehr als einmal zog mich eine Karte in ihren Bann, und ich verlor mich in ihr. Eine geheimnisvolle Welt von Gewißheit und Täuschung, Einbildung und ahnungsvoller Wirklichkeit tat sich mir auf.
Als ich über den Teufel schrieb, brach ein Feuer im Hause aus, das nur mit Mühe rechtzeitig gelöscht werden konnte. Als ich über die Karte XVI, die Zerstörung, nachdachte, tobte draußen ein so gewaltiger Sturm, daß das ganze Haus erzitterte. Natürlich war es nicht der Teufel, der das Feuer legte, sondern eine unglaubliche Folge von „Zufällen", und genausowenig war ich es, der das Unwetter rief. Aber beide Ereignisse und meine Entscheidung, gerade über diese Karten zu schreiben, standen in einem Zusammenhang. C. G. Jung nennt es „Koinzidenz". Im Makrokosmos, in der Welt draußen, verwirklichen sich die gleichen Kräfte wie im feinstofflichen Mikrokosmos der Seele. Ich kenne dieses Phänomen aus intensiven Selbsterfahrungsgruppen: Ein Sturm in den Seelen der Teilnehmer hat manchmal seine Entsprechung draußen in der Natur.

Die **Aussage:**
Hier habe ich die wesentliche Aussage der Karte in wenigen Worten zusammengefaßt und ausgedrückt, was im Licht dieser Karte zu tun ist.

Die Lage der Karten

Die meisten Tarotmeister geben einer Karte, die verkehrt, also auf dem Kopfe stehend aufgedeckt wird, eine andere Bedeutung, als wenn sie richtig liegt. So bedeutet zum Beispiel bei Douglas die Karte der Kaiserin, wenn sie richtig liegt, mütterliche Fürsorge und Schutz. Verkehrt aufgedeckt, kehrt sich ihre Bedeutung um in „mütterliche Tyrannei und die überprotektive Mutter". Für manche Karten bietet sich diese Unterscheidung an, aber meistens hat mich diese Interpretationsweise verwirrt, und ich gebrauche sie seit Jahren nicht mehr. Liegt eine Karte verkehrt, drehe ich sie einfach um.

Die eigentliche Kunst des Tarotspielens besteht darin, aus mehreren Karten, die gleichzeitig für einen Spieler oder eine Frage aufgedeckt wurden, eine zusammenfassende Antwort zu formulieren. Dann muß sich jede Karte dem gemeinsamen Sinn unterordnen, ihre ureigene Bedeutung sogar verändern. Jede Karte ist schillernd und vieldeutig, und es gibt so viele Deutungen, wie es Rätsel und Rätselmeister gibt.

Wer Tarotkarten deutet, deutet das Leben. Letztlich muß dabei jeder von seinem Leben, seinen Erfahrungen ausgehen. Meine Aussagen sollen nur Anregungen sein, Mut geben für die eigene Suche nach der Bedeutung der Tarotkarten und damit nach dem Sinn des Lebens.

Der Magier

Karte I

I Der Magier

Der Zustand

Du verwandelst dich.
Ohne daß du es immer merkst, veränderst du dich ununterbrochen: morgens bist du ein anderer als abends, allein anders als in Gesellschaft. Du gehst anders, wenn du verzweifelt bist, und deine Augen haben einen besonderen Glanz, wenn du erregt bist.
Du verwandelst dich ununterbrochen.
Manchmal tust du es bewußt:
Du stehst vor dem Spiegel, du ziehst den Schwung deiner Lippen mit einem feinen Strich nach und vergrößerst die Augen durch geschickte Schatten. Du prüfst, korrigierst, drehst den Kopf leicht zur Seite, lächelst, spürst dich unter deine Haut und übst deine neue Gestalt.

Die Bedeutung

Jeder Mensch trägt in sich einen starken Wunsch nach Veränderung: Er möchte seinen Alltag neu gestalten oder so werden wie ein anderer, den er bewundert, oder seinem Leben einen neuen Schwung geben. Seit alters her ist es der Zauberer, der Magier, der diese Fähigkeit am vollkommensten beherrscht. Er kann sich jeden Wunsch erfüllen und jede Verwandlung durchführen: Als Adler wirft er sich hoch in den Himmel, als Fisch treibt er stumm am Meeresgrund, als tödlicher Pfeil bohrt er sich in das Herz des Gegners.

Er muß diese Fähigkeiten erst erlernen, aus geheimen Büchern, durch eine mühsame Lehre oder in anstrengenden Selbstversuchen. Im wohl populärsten Bericht der letzten Jahre über eine Zauberlehre lernt Castaneda, ein Philosophiedozent, von einem mexikanischen Zauberer mit dem Namen Don Juan. Ziel der über zehnjährigen Lehre ist es, den Zauberschüler in eine andere Realität zu führen. Castaneda muß lernen, seine bisherigen Vorstellungen über sich und die Welt radikal zu durchbrechen. Er gelangt dadurch immer wieder an den Rand einer neuen Wirklichkeit. Weil er innerlich zweifelt und dem Neuen mißtraut, fällt er genauso oft zurück in seine alte, gewohnte und vertraute Welt. Sein Lehrer und Meister aber läßt nicht locker, er drängt ihn, zwingt ihn, verspottet ihn – damit Castaneda seinen Weg nicht verliert. Das ist die Situation des Magiers der Karte I. Er ist entschlossen, einen neuen Weg einzuschlagen. Nichts kann ihn mehr daran hindern. Scin Tatendrang ist grenzenlos, und er weiß, daß er alle seine Energien braucht, um diesen Weg zu gehen. Seine linke Hand umfaßt den Zauberstab, der ihm Kraft gibt. An seiner Seite hängt das Schwert, das ihm Klarheit bringt. Vor ihm ist der Kelch, der seine Seele nährt und über ihm der magische Stern, der auf seinem Weg leuchtet.
Im Lichte der Karte des Magiers erfährt der Mensch für sich und sein Leben neue Möglichkeiten. Er kehrt seiner alten Welt den Rücken zu und tritt hinaus in die neue Wirklichkeit.

Die Aussage

Der Magier, das männliche Prinzip
Selbstverwirklichung durch Veränderung
Der Weg in das Neue
Tatendrang, Grenzenlosigkeit
Bruch mit der alten Welt

Englisch: The Magician

Die Hohepriesterin

Karte II

II Die Hohepriesterin

Der Zustand

Du ziehst dich zurück von der Außenwelt und hörst tief in dich hinein. Du spürst dein Herz, lauschst deiner inneren Stimme, vernimmst die Ahnungen deiner Seele. Du verläßt dich auf sie. Du bist ganz sicher und brauchst keine weiteren Erklärungen. Die Quelle tiefsten Wissens entspringt in dir selbst.

Die Bedeutung

Die Hohepriesterin verkörpert das aufnehmende, das empfangende Prinzip. Sie ergänzt den Magier, der seine Energien nach außen richtet. In ihr gestalten sich die Schwingungen der Existenz zu Ahnungen. Sie erfährt die Wirklichkeit durch Intuition.
Seit alters her offenbart sich geheimnisvolles Wissen in der Hohenpriesterin. Sie war Medium und Orakel, Heilerin und Hexe. Das Volk und die Könige suchten diese medialen Frauen auf und baten sie um Rat. Sie konnten in die Zukunft sehen und alte Wunden heilen. Sie konnten Träume deuten, halfen bei schwierigen Geburten und wußten allerlei Mittel gegen Liebeskrankheiten und Liebestollheiten.

Symbol dieser Fähigkeiten ist der Mond. Er verwandelt die Energien der Sonne. Je nach Stellung des Mondes gelangen andere Schwingungen zur Erde und bestimmten Phasen des Wachstums und der Stagnation.
Die wissenden Frauen haben sich schon immer nach diesem Mondrhythmus gerichtet: In alten Heilkräuterbüchern steht, daß das Sammeln der Kräuter und die Zubereitung mancher Rezepturen bei ganz bestimmten Mondstellungen geschehen muß. Den Zeitpunkt ihrer Feste bestimmen die magischen Frauen auch heute noch nach dem Mondkalender.
Die Hohepriesterin schaut nach innen, sie ist still, in sich ruhend. Sie zieht sich von der Welt zurück. Manchmal so weit, daß sie der Wirklichkeit draußen keine Beachtung mehr schenkt. Auf manchen Karten sieht sie fast unwirklich aus. Der Magier dagegen tritt in die Welt und verwirklicht sich nach außen.
Auch wenn das eine das weibliche, das andere das männliche Prinzip verkörpert, sind sie nicht gebunden an die männliche oder weibliche Natur des Menschen. Es sind zwei verschiedene Bewußtseinszustände, zwei elementare Möglichkeiten der Lebensbewältigung. Es sind zwei Formen von Energie, die im Menschen wirken, gleichgültig, ob er Frau ist oder Mann.
Auf vielen Darstellungen halt die Hohepriesterin in ihrem Schoß eine Buchrolle, auf der das Wort Tora steht. Es bedeutet, daß die magische Frau eingeweiht ist in die Geheimnisse der Karten. Es ist ein Zeichen, daß sich der Geist des Tarot am ehesten dem Menschen offenbart, der seine Intuition, seine Ahnungen gebraucht.

Die Aussage

Intuition, der Weg nach Innen, das weibliche Prinzip
Verlasse dich auf dein Gefühl, deine Ahnungen sind richtig
Du hast heilende Energien, benütze sie, wenn du gefragt wirst
Deute die Karten nach deiner Inspiration
Wenn du unsicher bist, sitze einfach still und empfange die Schwingungen des Raumes

Englisch: The High Priestess

Die Kaiserin

Karte III

III Die Kaiserin

Der Zustand

Du bist in der Natur, irgendwo auf einer Wiese, an einem Berghang, am Meer.
Du atmest tief.
Du bist der Natur sehr nahe, du spürst sie, du kannst sie verstehen. Du wirst selbst zu einem Teil von ihr und fühlst dich aufgehoben in ihr, sicher und geborgen.
Das Grün der Wiesen beruhigt deine Augen.
Das unendliche Blau des Himmels macht dich hoffnungsvoll und froh.
Das Rauschen des Wassers erfüllt dich mit tiefer, innerer Ruhe.
Du kannst sie spüren, die Schwingungen der Natur.

Die Bedeutung

Der Mensch wird neun Monate lang von seiner leiblichen Mutter getragen. In dieser Zeit erfüllt sich für ihn alles wie von selbst. Er braucht sich um nichts zu kümmern, er braucht nichts zu tun.

Die Trennung von der Mutter bei der Geburt ist schrecklich. Der Mensch erlebt zum erstenmal Angst und wird von ihr geprägt. Von diesem Zeitpunkt an muß er aktiv werden. Er beginnt sich zu sorgen und macht sich Gedanken über sein Leben. Er steht in ständigem Lebenskampf. Sein ganzes Tun ist darauf ausgerichtet, seine Existenz zu sichern.

Er übersieht dabei, daß alles, was er zum Leben wirklich braucht, vorhanden ist und immer schon war: Luft zum Atmen gibt es überall. Die Erde ernährt ihn, und Nahrung wächst im Überfluß. Wasser, um seinen Durst zu stillen, fällt vom Himmel, wieder und immer wieder. Das Herz schlägt von selbst, nach einem geheimen inneren Plan. Der Mensch entsteht, wächst und gestaltet sich zu Formen, die er nicht bestimmen kann.

Er braucht sich in Wirklichkeit nicht zu sorgen! Das Leben, die Existenz, die Große Mutter, Gott oder wie immer man ES nennen will, trägt ihn, wie einst die leibliche Mutter, auf geheimnisvolle Weise.

Im Lichte der Karte der Kaiserin erfährt sich der Mensch wieder als Teil des lebendigen Ganzen. Er ist im Austausch mit der gesamten Schöpfung, untrennbar mit ihr verbunden.

Die Aussage

Die Erdenmutter, die Natur, Fruchtbarkeit
Sicherheit, Geborgenheit und Wärme
Sorgloses Dasein, Urvertrauen
Alles, was du wirklich brauchst, ist vorhanden
Nichts ist zu tun
Das Mutterprinzip

Englisch: The Empress

Der Kaiser

Karte IV

IV Der Kaiser

Der Zustand

Du fühlst dich gezwungen, eingeengt, festgelegt. Du bist wie ein Vogel im Käfig, wie ein Boot im Sturm.
Du quälst dich, diesen Zustand zu beenden, du gebrauchst all deine Kraft und Energie und zerbrichst dennoch – unabänderlich, unerbittlich.
Du spürst eine fremde Macht, der du dich unterwerfen mußt.

Die Bedeutung

Im Licht des Kaisers wird die gesamte Existenz zum absoluten Symbol von Gesetz und Ordnung. Der Mensch erfährt seine Bestimmung jenseits aller eigenen Willkür, er wird fremdbestimmt.
Der Kaiser hat sich weit zurückgezogen von den Menschen, er lebt im leeren Raum, in der Wüste, hinter den Bergen, auf einem steinernen Thron. Aus dieser Perspektive wird alles zum abstrakten Gesetz: der Lauf der Sterne, die Geschichte der Menschheit, das individuelle Leben.

Der Gedanke einer absoluten Ordnung hat immer wieder Menschen bewegt, darin einen Ausdruck der Schöpfung, ein Prinzip Gottes zu sehen. Gott selbst sei ein Symbol, eine Umschreibung für dieses unumstößliche Gesetz. Der Wissenschaftler will diese Gesetzmäßigkeit in abstrakte Formeln bannen, der Philosoph formuliert endgültige Metaphern. Der Kaiser verkündet und verkörpert das absolute Gesetz. Der Astrologe bindet das menschliche Leben an den ewigen Lauf der Sterne. Gesetz, Karma, Schicksal, Lebensplan sind die verschiedenen Gestalten, in denen sich der Herrscher offenbart. Auch der unerbittliche Wille des Vaters zeigt dieses Gesicht.
Das absolute Gesetz verwirklicht sich auch im Tarotspiel, beim Griff nach der vor-bestimmten Karte.
Der Mensch erfährt dieses Prinzip immer wieder als Begrenzung, als Gegenkraft zu seiner Lebensenergie. Sein Wunsch nach Selbstbestimmung, nach Selbstverwirklichung und das eherne Gesetz des Herrschers prallen aufeinander wie Feuer und Eis. Deswegen ist der Thron des Herrschers oft mit der Trophäe eines Widders geschmückt. Der feurige Widder als Ausdruck der vitalen Ichbezogenheit zerbricht am steinernen Thron des Herrschers.

Die Aussage

Ordnung und Klarheit im Unterschied zu Willkür und Chaos
Das absolute Gesetz verwirklicht sich
Der absolute Wille setzt sich durch
Das Individuelle, Persönliche muß zurücktreten

Englisch: The Emperor

Der Hohepriester

Karte V

V Der Hohepriester

Der Zustand

Du erfährst die Wirklichkeit durch einen Meister.
Du hörst ihm zu, du liest sein Buch, du sitzt in seiner Nähe, in tiefer Stille mit ihm verbunden.
Seine Worte und sein Schweigen dringen in dich ein, erfüllen dich. Es ist, als würdest du jetzt zum ersten Mal sehen, begreifen, verstehen, was dir bisher immer rätselhaft war.
Du hast einen Schlüssel gefunden, der eine Türe in dein Innerstes aufschließt.

Die Bedeutung

Der Hohepriester ist der Eingeweihte. Ihm hat sich eine tiefe Wahrheit offenbart, die weit über das alltägliche Wissen hinausreicht. Dadurch wird er zum Lehrer und Meister.
Seine Kraft zieht Suchende an, die sich von ihm einen Rat für den eigenen Weg erhoffen. Aber wer wirklich tiefer in das Geheimnis des Lebens eindringen will, muß sich dem Meister ergeben, ihm nachfolgen und sein Schüler werden.

„Wer die Wahrheit sucht, folge mir nach“, sagt Jesus, und das sagen alle großen Meister der Jahrtausende. Ouspensky folgte Gurdjieff, seinem Lehrer, zweimal um die halbe Welt, nur um zu hören, daß er wieder gehen könne. Man erzählt von einem chinesischen Meister, der einen Schüler 30 Jahre auf Antwort warten ließ, bis der Schüler keine Frage mehr hatte.
Die Beziehung mit einem Meister ist so schwierig, so rätselhaft und widersprüchlich, weil der normale Alltagsverstand gefangen ist in Routine. Er muß erst aufgebrochen und an seine Grenzen geführt werden, damit sich die Seele öffnen kann für *die Wahrheit*, die nur der Meister kennt, der über das Leben hinaussieht.
Eine tiefe Beziehung mit einem Meister setzt ungeheuere Energie frei, die den Schüler transformiert. Er wird selbst zum Eingeweihten und verschmilzt mit dem Meister in tiefer Kommunion.
Der größte lebende Meister der Gegenwart, Bhagwan Shree Rajneesh, hat bald eine halbe Million Schüler. Immer mehr werden von seinem tiefen Wissen, seinem Humor und seiner Ausstrahlung angezogen. Sie leben als Sannyasins überall in der Welt und fühlen sich ihm dennoch sehr nahe und verbunden. In seiner Gegenwart entsteht in den U. S. A. eine Gemeinschaft von Schülern, ein Energiefeld, das die Welt verändern wird.
Im Lichte der Karte des Hohenpriesters richtet der Mensch sein Leben nach den Weisungen seines Meisters. Er erkennt in ihm einen Weg zu seiner Selbstverwirklichung, einen Schlüssel zu seiner Vollendung.

Die Aussage

Die Suche nach einem Lehrer
Die Beziehung mit einem Meister
Die Lehre, das Wort, Offenbarung und Einweihung
Für Sannyasins: Die Karte verweist dich auf Bhagwan

Englisch: The Hierophant

Die Liebenden

Karte VI

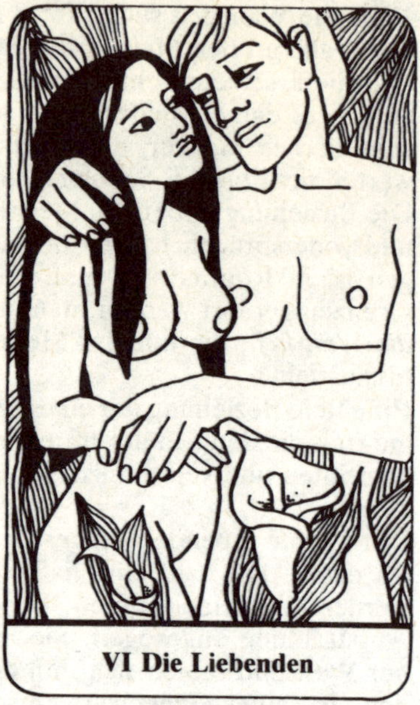

Der Zustand

Wenn du liebst, fühlst du dich verstanden von einem anderen Menschen, angenommen, erlöst aus deiner Einsamkeit. In dir ist Seligkeit und Sehnsucht.
Du merkst gar nicht, wie alles sich verändert hat. Du bist nur selig und alles ergibt sich in dieser Seligkeit. Du kannst dir nicht vorstellen, daß es jemals anders war und daß es jemals anders sein wird.
Du liebst.
Du könntest Berge versetzen – aber wozu?
Alles ist vollendet, deine Welt und die Welt der anderen.
Du bist ganz.

Die Bedeutung

Im Zeichen der Liebenden begegnen sich weibliche und männliche Energie, Magier und Hohepriesterin, Yin und Yang.
Liebe ist nur möglich, wenn es die Zweiheit gibt, die die Einheit sucht. Um dies zu erfüllen, muß das Eine erkennen, daß es unvollständig ist:
Der Magier ist männlich, aktiv. Er tritt hinaus in die Welt.
Die Hohepriesterin ist weiblich. Sie zieht sich von der Welt zurück, sieht nach innen, in ihren geheimnisvollen Spiegel.
Diese Gegensätze sind wie die Pole eines ungeheuren Energiefeldes. Man sagt, daß Gott die Geschlechter schuf, weil er wußte, daß diese Spannung den Menschen nicht ruhen läßt, bis er erlöst ist.
In der Liebe erfährt der Mensch diese Erlösung. Die Spannung verwandelt sich in ein ekstatisches Glücksgefühl. Die Unterschiede ergänzen sich. Mann und Frau erfüllen sich, sie sind in Harmonie. Magier und Hohepriesterin verschmelzen zum Kreis, wachsen zusammen zu einer neuen Einheit.
Die Kraft der Liebe kann den Menschen transformieren. Sie wird zum universellen Gefühl der Liebe, das sich überallhin verströmen kann. Der Mensch erfährt seine All-Verbundenheit.

Die Aussage

Die Liebe, die Liebenden
Harmonie und Ergänzung
Die Kraft der Liebe, Transformation
All-Verbundenheit

Englisch: The Lovers

Der Siegeswagen

Karte VII

VII Der Siegeswagen

Der Zustand

Dein Leben ist ein einziger Kampf. Ununterbrochen streitet das eine mit dem anderen. Du bist unruhig, getrieben von Zweifel. Eine Stimme sagt dieses, eine andere jenes. Es ist quälend. Dieser Kampf tobt in dir und früher oder später führst du ihn mit allen Menschen, die du triffst. Selbst im herrlichsten Moment der Liebe schwingt dieser Kampf schon mit.
Du wirst frei, wenn du über dein eigenes Leben hinaussiehst, wenn du dich frei machst von der Dynamik des Augenblicks. Dann erfährst du ein triumphales Gefühl: Die Welt ist wundervoll. Du bist mit ihr versöhnt. Es gibt keinen Teil, der nicht mitschwingt im triumphalen Lied vom Sieg.

Die Bedeutung

Alles im Leben hat zwei Seiten. Nichts in der Welt ist ohne Widerspruch: Wer die Liebe spürt, kennt auch den Haß, und wer reich ist, fürchtet die Armut. Das eine ist nur das Spiegelbild des anderen.
In dieser Zweiheit allen Lebens wird der *Zwei-fel* geboren, der endlose Kampf der Seele.
Manche Menschen klammern einfach eine Seite der Wirklichkeit aus und verdrängen sie. Aber ihr Leben wirkt künstlich, zwanghaft und starr wie eine Blume aus Plastik. Manche Menschen werden von der Dualität aufgefressen und fallen von einem Extrem in das genaue Gegenteil. Der Sieger stellt sich über die Dualität. Er bejaht das eine und das andere. Er weiß, daß er gütig ist und schlecht, feige und mutig, daß er genauso Mann ist wie Frau, daß er selber rätselhaft ist wie die Sphinx: Mensch und Tier in einer Gestalt. Er lebt die fröhlichen Seiten und die dunklen, er zeigt das lachende Gesicht und das weinende.
Der Sieger kennt das Leben und nimmt es an wie es ist. Er lebt im Moment und sieht dennoch über die Dynamik des Augenblicks hinaus. Er ist sicher und klar und verliert seinen Weg nicht.

Die Aussage

Die Stärke des Siegers
Sicherheit, Klarheit und Bewußtheit
Der Blick über die Dualität des Lebens
Du wächst über deine Zweifel hinaus
Du beendest einen inneren Kampf

Englisch: The Chariot

Die Stärke

Karte VIII

VIII Die Stärke

Der Zustand

Du bist stark!
Du fühlst Kraft in deinem ganzen Körper. Deine Gedanken sind klar, und dein Herz ist ohne Angst. Du bist sicher aus deinem Bauch heraus und begegnest dem Leben mit Liebe und Lust.
Du bist wie ein Löwe – so furchtlos wie er und so verspielt.

Die Bedeutung

Der Löwe ist der König der Tiere und seit alters her ein Symbol für die menschliche Triebkraft. Die magische Frau, eine Verkörperung der Hohenpriesterin, hat ihn gezähmt. Sie spielt ohne Angst mit dem großen Tier und streichelt voll Lust sein goldenes Fell.

Wer den Löwen zähmen will, braucht die Fähigkeiten der magischen Frau: Klugheit, Phantasie und ein sicheres Gefühl. Man kann sich dem wilden Tier nur sehr behutsam nähern, muß sich in sein Wesen hineinspüren, es kennenlernen. Es darf nicht erschreckt werden, sonst überfällt es den Menschen mit einem gewaltigen Satz. Der Mensch muß dem Löwen aber auch seine Entschlossenheit zeigen, seinen Mut und seine Furchtlosigkeit. Er muß ihn mit der Kraft seiner Augen besiegen. Dann erträgt der Löwe die Gegenwart des Menschen und gewöhnt sich an ihn. Er wird zur verspielten Katze, zum starken und treuen Freund.

Genauso ist es mit der menschlichen Triebkraft: Wer sie mit Gewalt bekämpft und unterdrückt, hemmt seine Lebenskraft. Wer sich vor ihr ängstigt, fürchtet sich auch vor dem Leben. Wer seine natürlichen Energien nicht auslebt, wird nervös und angespannt, bis sie aus ihm herausbrechen, plötzlich und unerwartet.

Der Mensch muß seinem Körper mit Liebe begegnen, ihn kennenlernen, sich in ihn hineinspüren, seine Schwingungen verstehen – dann wird er zu einer Quelle tiefer Kraft, Freude und Lust.

Im Lichte der Karte der Stärke bejaht der Mensch seine Tiernatur. Er zähmt sie, ohne sie zu unterdrücken und ohne ihr auszuweichen. Dadurch erhält er die Kraft des Löwen, seine Furchtlosigkeit und seine spielerische Freude und Lust.

Die Aussage

Weibliche Stärke, Geduld und Entschlossenheit
Der Umgang mit dem eigenen Körper
Freude und körperliche Lust
Sexualität

Englisch: The Strength

Der Eremit

Karte IX

IX Der Eremit

Der Zustand

Du bist allein.
Für einen kurzen Moment spürst du deine Einsamkeit. Du erinnerst dich an das bunte Treiben der Welt, an einen lieben Freund. – Dann erfüllt dich die Stille. Du bist allein. Nur mit dir. Wo immer du hingehst, du findest nur dich. Du nimmst dich an, siehst dir zum ersten Mal wirklich in die Augen, spürst die Feinheiten deiner Seele.

Die Bedeutung

Der Mensch geht in die Einsamkeit, um sich selbst zu finden. Er sucht die Wahrheit, das Licht, das ihn erleuchtet. Immer schon ging der Mensch ganz bewußt diesen Weg. Buddha und Jesus, alle Eingeweihten und Yogis der Jahrtausende.
Der Eremit will mit sich alleine sein. Er will keinen anderen Menschen, der ihn führt, und keine Bücher, die ihm den Weg zeigen.
Er will nur sich.
Er hört auf zu sprechen, weil jedes Wort nur Rätsel schafft, Schatten wirft: In der Liebe ist der Haß verborgen, im Freund der Feind, im Himmel die Hölle. . . Nur Schweigen klingt nicht nach.
In diesem stillen Raum lauscht er der inneren Wirklichkeit und entdeckt ein großes Geheimnis: Alles, was er draußen in der Welt suchte und erhoffte, war immer schon in ihm verborgen: Licht, Farbe, Musik, Kraft und Liebe. Selbst Gott ist nicht irgendwo, weit entfernt, sondern tief in seiner eigenen Seele.
Er erfährt, daß nichts ihn mehr verwirklichen kann, niemand ihn mehr erfüllen kann, als er selbst.
Er findet das Licht, das ihn erleuchtet.

Die Aussage

Die Einsamkeit
Du brauchst niemanden, um dich zu verwirklichen
Der Weg geht nach innen
Die Lösung liegt in dir

Englisch: The Hermit

Das Glücksrad

Karte X

X Das Glücksrad

Der Zustand

Dein Leben ist ein ständiges Auf und Ab.
Heute geht es dir gut, morgen fühlst du dich schlecht. Eben noch warst du leicht und froh, und jetzt bist du nachdenklich und schwer.
Du begreifst nicht, daß deine Stimmung so plötzlich wechseln kann. Du möchtest die schönen Stunden länger genießen und die traurigen vermeiden.
Du bist verzweifelt und merkst gar nicht, daß sich dein Leben ständig wiederholt.
Das Rad bleibt niemals stehen.

Die Bedeutung

Der Mensch sucht das Glück.
Letztlich ist es diese Suche, die das Leben vorwärtstreibt. Aber das Glück ist ein Rad, das sich dreht. Der Mensch muß einsteigen in die Gondel. Sie trägt ihn hinauf in schwindelnde Ekstase, aber auch hinunter in Kummer und Leid.
Der Mensch verliert sich in diesem Schwung. Er klammert sich an das Glück und will den Schmerz nicht erleben. Freud war der erste, der die Abwehrmechanismen aufzählte, die die Seele erfindet, um den Schmerz nicht zu fühlen. Der Mensch vermeidet ihn damit nicht, aber er verhindert, daß er ins Bewußtsein dringt.
Dieser ungelebte Schmerz hängt sich an den Menschen, dringt in seinen Körper, verkrampft und verbittert ihn.
Der bewußte Mensch entdeckt, daß sich sein Leben nur ständig wiederholt. Was er heute als einzigartiges Glück feiert, ist genausowenig neu, wie der Schmerz, von dem er dieses Mal überzeugt ist, daß er nie enden wird. Er ergibt sich dem Rad des Lebens und versucht, sein Schicksal, sein Karma, zu enträtseln. Dadurch befreit er sich immer mehr von der erdrückenden Schwere seines Schicksals und begegnet dem Leben heiter und gelassen.

Die Aussage

Das Glücksrad, das Lebensrad
Schicksal, Karma
Nichts ist wirklich neu
Ergib dich dem Schwung und erkenne dein Schicksal
Das Auf und Ab des Lebens

Englisch: Wheel of Fortune

Die Gerechtigkeit

Karte XI

Der Zustand

In dir ist ein tiefes Wissen über Recht und Unrecht. Die Stimme deines Herzens ist nicht immer klar und deutlich zu vernehmen. Du mußt in dich hineinhören, dich in deine Seele hineinspüren.
Dein Herz zittert, wenn Unrecht geschieht, und es ist voll Mut und Entschlossenheit, wenn du eine gerechte Sache vertrittst. Du fühlst dich schwer, wenn du Schuld auf dich lädst und atmest erleichtert auf, wenn du davon befreit bist.
In dir ist ein tiefes Wissen über Gerechtigkeit.

Die Bedeutung

Nichts wird so mit Füßen getreten wie die Gerechtigkeit. In ihrem Namen wird gemordet, bestialisch gefoltert und unterdrückt.
Für einen bewußten und empfindsamen Menschen ist es nahe-

zu unmöglich, an menschliche Gerechtigkeit zu glauben. Aber auch das Leben erscheint grausam und ungerecht: Der eine lebt im Überfluß, und der andere darbt neben seiner Türe. Immer wieder begruben Menschen ihren Gott, weil sie an der Ungerechtigkeit des Lebens verzweifelten.
Im Tarot wird die Gerechtigkeit von einer Frau dargestellt. Sie ist wieder eine Verkörperung der Hohenpriesterin (Karte II), die sich auf ihre innere Stimme, auf ihr Gefühl, verlassen kann. Hier trägt sie ein Schwert. Im Tarot ist das Schwert ein Zeichen für die geistige Kraft im Menschen. Das bedeutet, daß die Gerechtigkeit nicht nur gütig, sondern auch weise ist. Sie urteilt mit der Intelligenz ihres Herzens.
Seltsamerweise waren sich die Tarotmeister der Jahrhunderte uneins darüber, welche Zahl sie der Karte der Gerechtigkeit geben sollten. Oft hat sie die Zahl VIII, manchmal aber auch die Zahl XI. Mit dieser letzten Ziffer erhält sie ihre tiefste Bedeutung.
Damit steht sie genau in der Mitte.
Rechts und links von ihr reiht sich die genau gleiche Zahl von Karten. Der Narr mit der Ziffer 0 fällt numerisch nicht ins Gewicht, er lebt jenseits von Recht und Unrecht.
Die Gerechtigkeit hat ihren Platz in der Mitte und blickt über das ganze Lebensspiel. Sie sieht die Karte I und die Karte XXI, den Teufel und die Liebenden, den Tod und die Auferstehung. Sie bevorzugt keine Karte – sie ist neutral. Aus dieser Position trifft die Gerechtigkeit ihre Entscheidung. Der Mensch, der gefangen ist in der Dynamik des Augenblicks, muß sich ihrem Spruch ergeben. Das, was ist, ist!
Im Lichte der Karte der Gerechtigkeit richtet der Mensch seine Aufmerksamkeit nach innen. Er vernimmt die Schwingungen seines Herzens und urteilt mit dem Schwert der Weisheit. Er trifft seine Entscheidungen nicht aus der Laune des Augenblicks.

Die Aussage

Die absolute Gerechtigkeit. Das, was ist, ist!
Persönlich: Das Gewissen, die innere Stimme
Intelligenz des Herzens
Neutralität

Englisch: The Justice

Der Hängende

Karte XII

XII Der Hängende

Der Zustand

Du hast dich ergeben. Du treibst wie ein Blatt im Wind. Jetzt erkennst du, wie sinnlos all deine Anstrengungen waren, deine Situation zu verändern. Du schaukelst im Wind und betrachtest die Welt aus ganz neuen Augen. Dein verzweifelter Kampf, dein ganzer Schmerz hat sich verwandelt und gibt dir neue innere Kraft.

Die Bedeutung

Im Licht der Karte des Hängenden erfährt sich der Mensch in einem Zustand äußerer Hilflosigkeit. Er hat alles versucht, sich zu befreien, seine Lage zu verändern, sein angestrebtes Ziel zu erreichen, seinen Willen zu erfüllen – jetzt erkennt er die Ausweglosigkeit. Er muß sich ergeben.

In seiner Hingabe an die unumstößliche Situation geschieht eine wundervolle Verwandlung:
Er sieht seine Lage aus einer neuen Perspektive, in der sich alles umdreht – die Welt steht auf dem Kopf. Was bisher unten war, ist oben, und was niedrig war, wird hoch. Aus Verzweiflung wächst Freude, und die Energie, die aufgebracht wurde, um sich zu befreien, kehrt sich um, erhöht den Menschen, erleuchtet ihn.
“Even with chains on your feet, you can dance” (sogar mit Fußketten kann man tanzen), sagt Bhagwan. Zorbas, der Grieche, tanzt immer gerade dann, wenn alles zusammengebrochen ist. Er tanzt, wo andere verzweifelt sind.
Oft haben sich Menschen ganz bewußt in eine ausweglose Situation begeben, um diese Umkehrung zu erfahren: Sie saßen auf hohen Säulen, der Sonne und Kälte ausgesetzt. Sie gingen zu den entferntesten Stellen der Erde, gepeinigt von Wildnis und Hunger. Sie lebten hinter dicken Klostermauern, nur mit sich und ihrer Sehnsucht nach Verwandlung. Von manchen Indianerstämmen ist bekannt, daß der Knabe, der zum Mann und Krieger werden will, tagelang an scharfen Haken an einen Baum gehängt wird. Eine alte isländische Sage erzählt, daß der Gott Odin sich selbst neun volle Nächte an einen Baum hing, um seine eigentliche Herkunft zu erfahren.
Im Licht der Karte des Hängenden ergibt sich der Mensch seiner ausweglosen Lage. Er erfährt die Umkehrung seiner bisherigen Situation. Er empfängt neue Einsichten und Kraft.

Die Aussage

Du bist festgefahren, gescheitert
Unternimm keine weiteren Anstrengungen, dich zu befreien
Ergib dich der ausweglosen Situation
Entdecke die umgekehrten Möglichkeiten deiner Lage
Die Prüfung. Demut und Gehorsam
Hingabe an den Lebensfluß

Englisch: The Hanged Man

Der Tod

Karte XIII

XIII Der Tod

Der Zustand

Der Tod ist überall.
Jede Sekunde kann dich seine schwarze Gestalt erreichen.
Überall kann dir sein bleiches Grinsen begegnen.
Schon jetzt kann seine blanke Sichel zum Schwung ausholen, um dich zu treffen.
Dein Leben bewegt sich fortwährend auf ihn zu. Jeder Augenblick bringt dich ihm näher.
Du kannst ihm nicht entkommen.

Die Bedeutung

Der Mensch fürchtet den Tod, weil er mächtiger ist als er. In seiner Angst und Ohnmacht gibt er dem Tod eine schreckliche Gestalt. Als Gerippe, eingehüllt in einen schwarzen Mantel, ist er der grausame Vollender, der das Leben jeden Augenblick vernichten kann.

Der Tod verunsichert den Menschen aufs tiefste. Nichts ist vor ihm sicher. Er nimmt die Geliebte und holt das Kind. Er vernichtet grundlos in endlosen Kriegen, und er tötet mitten im herrlichsten Frieden. Der Tod ist unberechenbar, niemand weiß seine Stunde.

Der Mensch vergißt dabei, daß das Leben ständig begleitet wird vom Tod, daß sich Leben nur erfüllen kann, wenn Sterben geschieht.

Das Blatt am Baum erglüht im Herbst und schaukelt tanzend in den Tod. Und doch wächst im Frühling neues Leben, leuchtend und rein, als gäbe es nie einen Tod. Alles Lebendige ist in ständigem Wandel, und jede Verwandlung bedeutet den Tod einer alten Gestalt. Das Neue ist nur möglich, wenn das Alte vergeht.

Wer den Tod fürchtet, wacht ängstlich über sein Leben. Aus Angst vor dem Tod gibt er seinem Leben die Ruhe eines Friedhofes und sucht sich mit tausend Sicherheiten zu schützen. Aber der Tod gibt dem Leben erst den Schwung. Er macht es erst lebendig. In manchen Kulturen wird der Tod eines Menschen ekstatisch gefeiert. Voll Freude zelebriert man die große Veränderung, die dem Verstorbenen geschehen ist.

Im Lichte der Karte des Todes wird der Mensch daran erinnert, daß nichts und niemand von Dauer ist, daß alles nur einen Herzschlag lang besteht. Er erfährt, daß der Tod der ewige Begleiter des Lebens ist und erkennt, daß seine Einstellung zum Leben nur ein Spiegelbild seiner Einstellung zum Tod ist.

Die Aussage

Der Tod, das Absolute und Unabänderliche
Verlust und Hoffnungslosigkeit
Auflösung und Verwandlung
Der Tod als Begleiter des Lebens
Lebe so, als wäre es dein letzter Augenblick

Englisch: Death

Das Rechte Maß

Karte XIV

XIV Das Rechte Maß

Der Zustand

Du lebst aus deiner Mitte heraus.
Was du denkst, empfindest und tust, ist abgewogen und stimmig.
Du vertrittst deine Meinung, aber du bist nicht starrsinnig.
Du bist empfindsam, aber nicht empfindlich.
Du bist offen für neue Erfahrungen, aber du verlierst dich nicht darin.
Du hast deine Mitte gefunden und lebst das rechte Maß.

Die Bedeutung

Alle Teile der Existenz sind im rechten Maß aufeinander bezogen. Dem kalten Winter folgt der warme Sommer, und der Tag steht im rechten Verhältnis zur Nacht.

Wasser und Erde, Licht und Schatten, die Zeit der blühenden Lilien und die Zeit der sterbenden Blätter – alles ist ausgewogen und harmonisch.
Die großen Geister aller Zeiten versuchten diese Harmonie nachzuempfinden. Sie bauten Pyramiden und gewaltige Kirchen, sie forschten nach den Sternen und in der Natur. Sie suchten diese Harmonie im Licht der Farben und im Klang der Musik.
Auch in der Natur des Menschen herrscht Ausgewogenheit und das rechte Maß. Wer diese ausgleichende Kraft nicht beachtet, vergeudet seine Lebensenergie. Ein Körper, der sich nicht erfrischt, verzehrt sich selbst. Gedanken, die nicht zur Ruhe kommen, werden eng und dumpf. Wer nur seine männliche Seite zeigt, wird gefühllos und grob. Wer nur seine weibliche Seite lebt, ist überempfindlich und ohne Energie.

Der Engel des rechten Maßes steht mit einem Fuß im Wasser und mit dem anderen auf der Erde. Er ist offen und fest. Er verliert sich weder im Schwung seiner Taten noch in der Tiefe seines Gefühls. Er lebt beide Seiten und erfüllt sein Leben im harmonischen Wechsel. Er sucht das *ganze* Leben und achtet darauf, daß er sich in keiner Richtung verliert. Er ist wie das Wasser, das in den Kelchen immer wieder seine Form findet, sich sammelt und sich verströmt, in Ruhe ist und in Bewegung, die eine Seite erfüllt und die andere.
Im Lichte der Karte des rechten Maßes gestaltet der Mensch sein Leben aus dem Gefühl der Mitte heraus. Er wird zum Lebenskünstler, zum Jongleur seiner eigenen Existenz. Er genießt den Wechsel der Erfahrungen und freut sich am Schwung des Lebens. Er achtet dabei darauf, daß er die Balance nicht verliert und den Bogen nicht überspannt, damit nichts vergeudet wird von seiner lebendigen Kraft.

Die Aussage

Das rechte Maß, Harmonie und Ausgewogenheit
Bewußte Lebensgestaltung
Flexibilität und Geschicklichkeit
Das Gefühl der Balance und der Mitte

Englisch: Temperance

Der Teufel

Karte XV

XV Der Teufel

Der Zustand

Du bist wie besessen.
Du kannst nichts anderes mehr denken. Alles, was du tust, hat nur das eine Ziel. Du mobilisierst all deine Energien, und obgleich du elend und erschöpft bist, findet deine wilde Sehnsucht keine Ruhe.
Irgendwann erkennst du, daß du dein Ziel nicht erreichen kannst und deine ganzen Energien schlagen um: Jetzt willst du frei sein, den Bann brechen, der dich gebunden hat. Dein ganzes Sein sträubt sich gegen die Ketten, die dich zurückhalten. Aber du kommst nicht los, du kannst nicht befreit werden, du hast dich selbst zu tief verstrickt.
Du bist besessen.

Die Bedeutung

Der Teufel ist der Schatten der göttlichen Seele. Er wird in der Dualität unseres begrifflichen Denkens geboren. Die Seele ist leicht, sucht das Licht und die Auflösung. Der Teufel bindet, ist schwer und verkörpert das Gesetz der Trägheit.
Die Menschen aller Zeiten haben ihn zum Widersacher alles Erhabenen, Guten und Wertvollen gemacht. Sie gaben ihm verschiedene Kleider und verschiedene Namen: Teufel, Antichrist, Satan, Mephisto, die Verführung, das Böse, die Schlange, Luzifer.
Der Mensch kommt unter den Einfluß des Teufels, wenn er sich seiner Trägheit ergibt. Dann wird er maßlos und stur, gewalttätig und gierig. Er ist gefesselt und wie besessen.
Er kann von allem abhängig werden: von der Mutter oder vom Pflichtgefühl gegenüber den Kindern, vom Geld oder vom Ruf in der Öffentlichkeit, vom Sex oder von der Angst um das Leben.
Auf der Karte sind Mann und Frau an den Teufel gekettet. Die Quersumme der Karte XV, dem Teufel, ergibt die Zahl sechs, ein Hinweis auf die Karte der Liebenden.
In der Liebe wird der Mensch ganz. Er erfährt aber auch, daß er ohne den Geliebten, ohne die Geliebte unvollständiger ist als je zuvor.
Die Liebenden werden abhängig und quälen sich aus diesem Gefühl heraus gegenseitig. Wenn sich der eine befreien will, quält den anderen die Eifersucht, und wenn einer Nähe sucht, fühlt sich der andere erdrückt. Sie geben sich gegenseitig die Schuld und leiden beide unter Schuldgefühlen. Sie erleben die Hölle. In dieser Situation ist es sinnlos, gegen die Abhängigkeit zu kämpfen. Diese Energie verstärkt nur den Zug der Ketten. Der Ausweg liegt im bewußten Erkennen. Wenn der Mensch sich seine Abhängigkeit eingesteht und genau ansieht, was ihn bindet, fallen die Ketten des Teufels, und er wird frei.

Die Aussage

Der Teufel, Egoismus und Verblendung
Hörigkeit, Besessenheit, Eifersucht, Neid
Abhängigkeit durch Trägheit und Bequemlichkeit
Erkenne deine Lage, betrachte, was dich bindet

Englisch: The Devil

Die Zerstörung

Karte XVI

XVI Die Zerstörung

Der Zustand

Der Blitz trifft dich aus heiterem Himmel.
Dein Bewußtsein braucht einige Sekunden, um zu begreifen. Eben noch warst du sicher und fest auf deinem Turm, getragen von einem erhabenen Gefühl, jetzt erkennst du, daß du fällst, abstürzt in einen bodenlosen Abgrund. Deine Muskeln verkrampfen sich, dein Atem stockt, dein Herz schlägt laut, und das dumpfe Pochen erfüllt deinen ganzen Körper, wird zum dröhnenden Beben der Zerstörung.
Du fällst!
Du suchst nach einem Halt. Kämpfst mit Göttern, deinem Schicksal, der Welt – aber deine Gedanken greifen ins Leere. Tief in deinem Inneren entsteht grauenvolle Angst. Du bist verloren! Nur dieser eine Gedanke bleibt, wächst über dich hinaus, wird zur unumstößlichen Gewißheit.

Die Bedeutung

Die Zerstörung ist die Kraft, die den Menschen immer wieder hinauswirft aus seinem Gefühl der Erhabenheit, Sicherheit und Zufriedenheit. Diese Kraft hat viele Gesichter: der Tod, der Unfall, die Katastrophe, die Trennung. Auch ohne äußeren Anlaß verändert sich plötzlich ein inneres Gefühl. Aus dem Nichts wächst Verzweiflung, Angst und Grauen. Die Welt verliert ihre Festigkeit, wird hoffnungslos, sinnlos. In diesem Zustand sucht man verzweifelt nach Wegen der Erlösung oder wenigstens der Erklärung und verstrickt sich nur immer tiefer in das eigene Leid.
Der einzige Ausweg liegt im „sich ergeben".
Erst wenn man losläßt, sich wirklich fallen läßt, beginnt man, den Sinn der Zerstörung zu ahnen. Es ist die Vertreibung aus dem selbsterschaffenen Paradies. Der Mensch hat sich eine Festung erbaut mit dicken Mauern und Türmen, um sich zu schützen, sich abzugrenzen. Vielleicht um den Schmerz zu vermeiden oder den Tod. Man erzählt von einem König, der aus Angst vor dem Tod alle Fenster und Türen in seinem Schloß zumauern ließ und dann in seiner Festung erstickte.
Der Blitz der Zerstörung trifft nur den, der hinter dicken Mauern Schutz sucht vor der ganzen Wirklichkeit. Der Blitzschlag bringt den Menschen zurück auf den Boden.
Die Karte der Zerstörung erscheint oft als Mahnung, das Leben zu überprüfen und die Türen der eigenen Festung zu öffnen, bevor die Zerstörung wirklich hereinbricht, plötzlich und unerwartet grausam.

Die Aussage

Das selbsterschaffene Paradies wird zerstört
Die Prüfung
Der Einbruch der Wirklichkeit
Prüfe dein Leben, öffne dich der Wirklichkeit

Englisch: The Tower.

Die Sterne

Karte XVII

XVII Die Sterne

Der Zustand

Du sitzt hoch auf einem Berg und siehst in die grenzenlose Weite. In dir ist ein feines Vibrieren, das deinen ganzen Körper durchströmt. Du fühlst dich leicht wie der Wind, und du denkst an den schwerelosen Flug des Adlers. Eine tiefe Sehnsucht überkommt dich. Wenn du seine Flügel hättest – du würdest fliegen – weit, weit in die Unendlichkeit.

Die Bedeutung

Die Sternenfrau ist ein Symbol für das Gefühl der Sehnsucht im Menschen. Es gleicht der Wonne, die manchmal im Orgasmus erlebt wird. Es gleicht der Stille, die in tiefer Meditation erfahren wird – für ewig kurze Zeit. Es gleicht dem Gefühl der Grenzenlosigkeit, das den Menschen überkommt, wenn er in einer klaren Sternennacht in die Ewigkeit blickt.
Diese Sehnsucht packt den Menschen und läßt ihn nicht mehr los, treibt ihn immer weiter auf seiner Suche nach Befreiung und Erlösung.
Menschen aller Zeiten sahen darin ein Zeichen ihres göttlichen Ursprungs, ihrer Verbundenheit mit dem All. Der Mensch sehnt sich zurück in den Schoß der Schöpfung, aus dem er in die Welt geboren wurde. Er sucht das Nirwana, die völlige, selige Ruhe.
Auf der Karte strömt das Wasser aus einer festen Form, den irdenen (irdischen) Krügen, in den Teich. Das Wasser löst seine Form auf – aber eigentlich war es nie Form. Es sickert in die Erde, verwandelt sich in Energie, gestaltet sich in Blumen und Bäumen, vergeht im Äther. Alles ist im Wandel, gestaltet sich und drängt aus der Form, sehnt sich nach den Sternen, nach Auflösung im All. Der Mensch sucht die Ewigkeit.

Die Aussage

Die Sterne
Die Sehnsucht, die Hoffnung, der Wunsch nach Erleuchtung, nach Erlösung
Der Gedanke der Ewigkeit
Der Wunsch nach Auflösung, Nirwana
Das Bild vom göttlichen Ursprung des Menschen

Englisch: The Stars

Der Mond

Karte XVIII

Der Zustand

Du suchst Gewißheit.
In dir sind Gedanken, Ahnungen, Visionen. Alles ist gleichermaßen wirklich und unwirklich, verfängt sich im Netz deines Intellekts und gleitet immer wieder in unbegriffenes Dunkel. Gefühle verdichten sich und vergehen. Du irrst wie im Nebel. Für einen Moment siehst du ganz klar, aber der nächste Gedanke verhüllt wieder alles. Du glaubst vorwärts zu gehen und drehst dich nur im Kreis.

Die Bedeutung

Im Licht des Mondes erfährt der Mensch seine tiefsten Eingebungen. Aus seinem Urbewußtsein kommen ahnungsvolle Träume und Visionen, aber auch Täuschungen und der Wahn. Der Mond beleuchtet die Nacht. Er beschenkt den Dichter und lockt dunkle Kreaturen an. Er macht hellsichtig und süchtig, inspiriert und verführt.
Er ändert täglich die Gestalt, und sein Rhythmus entspricht dem Zyklus der Frau. Als Neumond begegnet er dem Nichts, empfängt den Keim des Neuen und entwickelt sich hin zur Vollendung beim großen Mond. Danach zieht er sich wieder zurück und vergeht.
Genauso ist es mit der Inspiration:
Eine Idee wird empfangen. Anfangs nur geahnt, noch voller Zweifel, reift sie zur klaren Gestalt. Der Mensch ist in diesem Zustand eigenartig gewiß und ungewiß zugleich. Er spürt das Neue, kann es aber noch nicht fassen. Er richtet seine ganze Aufmerksamkeit nach innen, verschließt sich, zieht sich zurück.
In diesem Zustand ist der Mensch leicht zu täuschen.
Die Hohepriesterin der Karte II kann sich auf ihre innere Stimme verlassen. Sie kennt keinen Zweifel. Sie empfängt nur die positiven Schwingungen des Mondes. Aber der Mond hat auch eine andere Seite. Er gebiert den Wahn und die Täuschung. Er zieht das Dunkle an und das Unheilvolle. Deswegen braucht der Mensch, der sich dem Mond völlig ergibt, die beiden Türme der Wahrheit und Klarheit. An ihnen muß alles, was der Mond anlockt, vorbeiziehen. Von dort aus kann der Mensch entscheiden, was wahr ist und was Wahn ist, was wirkliches Wissen ist und was nur Schatten der Einbildung sind.

Die Aussage

Der Mond, die Intuition
Der Zweifel, die Unentschiedenheit
Du bist ganz in dir, du schöpfst aus deinem Innersten
Achte darauf, daß du die Wirklichkeit nicht verlierst
Überlasse dich deinen Ahnungen, aber treffe noch keine Entscheidungen

Englisch: The Moon

Die Sonne

Karte XIX

XIX Die Sonne

Der Zustand

Du fühlst dich gut.
Du spürst wohlige Wärme, die von überall herkommt: aus der Luft, der Erde, deinem Herzen, aus deinem Bauch. Du fühlst dich froh und unbeschwert. Du bist einfach. Sorglos genießt du den Tag.
Der Himmel ist blau, weiße Wolken treiben von nirgendwoher nirgendwohin.
Auch du hast kein Ziel. Nichts ist zu tun.
Die Rose wächst, die Lerche singt, dein Atem strömt, du bist einfach!
In deinem Herzen schwingt der goldene Glanz der Sonne.

Die Bedeutung

Die Sonne hat unendliche Kraft. Eine Kraft, die sich niemals erschöpft, niemals verausgabt. Ihr Licht schenkt der Welt ihren unglaublichen Glanz. Ihre Energie macht den Menschen froh und hoffnungsvoll, ihr Feuer weckt die Leidenschaft. Mit der Sonne entstand alles Leben, und täglich neu begrüßt sie die Welt. Sie bestimmt den Wechsel von Sommer und Winter, von Tag und Nacht.

Gegenüber der großen Kraft der Sonne erfährt sich der Mensch als unschuldiges Kind, das sich dem Wechsel ihrer Energie einfach ergibt. Es lebt die Freude mit dem Tag und die Stille mit der Nacht. Es erwacht, erfüllt sich, tanzt, ermüdet, schläft.

Mit den Augen des Kindes wird die Welt zum wunderbaren Paradies, zum gelobten Land, in dem alles im Überfluß vorhanden ist. Sie wird zum Traum vom Schlaraffenland: Die Bäume hängen übervoll mit herrlichen Früchten, die Wiesen sind übersät mit bunten Lichtern, die Luft ist erfüllt mit Musik.

Alles erfüllt sich im Lauf der Sonne: Geburt, Wachstum und Tod. Die Sonnenblume begrüßt sie am Morgen im Osten und neigt sich am Abend nach Westen. Das Blatt löst sich im Herbst vom Baum und tanzt sein Lied in den Tod.

Die Kaiserin (Karte III) trägt alles Lebendige in ihrem Schoß. Der Mensch fühlt sich sicher und geborgen.

Die Sonne ist der Urvater der Existenz. Er führt und leitet den Menschen und schenkt ihm seine Lebenskraft.

In der Hingabe an Sonne und Erde erfährt der Mensch Freude und Vertrauen. Er wird zum lebendigen Teil der Schöpfung.

Die Aussage

Freude, Zuversicht, Wärme, Kraft und Kreativität
Betrachte die Welt mit den Augen eines glücklichen Kindes
Du bist erfüllt mit dem Glanz der Sonne

Englisch: The Sun

Die Auferstehung

Karte XX

XX Die Auferstehung

Der Zustand

Du fühlst dich wie neu geboren. Du kannst wieder frei atmen, die Last drückt nicht mehr, der Schmerz ist vorüber, in deinen Augen leuchtet ein neuer Glanz.
Eigentlich merkst du erst jetzt, wie bedrückend alles war, jetzt wo die dunklen Schatten von deiner Seele gewichen sind. Selbst die Erinnerung an die vergangene Qual ist nur noch schwach wie ein fernes Glimmen am weiten Horizont.
Du bist neu geboren, auferstanden vom Tod.

Die Bedeutung

Im Licht der Karte der Auferstehung erfährt der Mensch einen existentiellen Neubeginn. Eine Zeit dumpfer Verzweiflung und lähmender Bedrückung ist vorüber. Der Mensch streift seine Vergangenheit ab wie eine alte Haut und erhebt sich in einer neuen, erhabenen Gestalt.
Die Idee der Auferstehung krönt viele Mythen und Religionen. Im Christentum sind es die Klänge des Himmels, die die Seele ins Paradies rufen. In den Gräbern wurde sie von ihrer Körperhaftigkeit befreit. Losgelöst von allem Stofflichen und Schweren kann sie am jüngsten Tag ins Paradies eingehen. In fernöstlichen Religionen reinigt das Feuer den Menschen und gibt die Seele frei für die Wiedergeburt. Im Wandel der zwölf Tierkreiszeichen erfährt alles Lebendige im Zeichen des Skorpions den Tod, reinigt sich in den Zeichen des astrologischen Winters und erlebt im Widder eine neue Geburt.
In alten Mythen heißt es, daß die Sonne während der Nacht die Täler des Todes durchstreift und am Morgen neugeboren erstrahlt.
Im übertragenen Sinne bedeutet die Auferstehung, daß das Leben zwischen Dunkelheit und Licht schwingt, daß die Seele immer wieder ihrem eigenen Schatten begegnen muß, um neu geboren zu werden.
Die wörtliche Übersetzung von "Judgement", der englischen Bezeichnung für die Karte XX, ist „göttliches Gericht". Die Seele muß sich von ihren negativen Schwingungen reinigen und erfüllt dadurch an sich selbst das Urteil der Götter.
Das ist auch die Erfahrung in der psychotherapeutischen Arbeit. Wenn die Seele ihren Schmerz durchlebt, sich tief in die eigene Angst hineinwagt, kann sie neu geboren werden. Sie löst sich auf diesem Weg von überholten Einstellungen und Gewohnheiten, schüttelt alten Ballast ab und erhebt sich wie ein Phönix, der die Asche der Vergangenheit hinter sich läßt.

Die Aussage

Die Auferstehung, der Neubeginn, die Wandlung
Reinigung und Prüfung
Die Zeit der Finsternis ist vorüber
Öffne dich für das Neue

Englisch: Judgement

Die Welt

Karte XXI

XXI Die Welt

Der Zustand

Du lebst in der Welt – aber du gehörst ihr nicht.
Du hast keine Herkunft und keine Zukunft.
Du bist weder Mann noch Frau, weder jung noch alt.
Du kannst jeden Menschen lieben und jeden verlassen.
Nichts erfüllt dich, als der Moment:
Wenn du gehst, spürst du den Wind auf deiner Stirn.
Wenn du sitzt, fühlst du die Erde unter dir.
Wenn du tanzt, lebst du die Lust in deinem Körper.
Du bist stark und voller Glückseligkeit.
Du bist du und gleichzeitig bist du alles, was dich umgibt: ein Baum oder ein Vogel, eine Wolke oder ein Stern.
Du bist frei – grenzenlos frei.

Die Bedeutung

Das Ziel des Lebens ist Befreiung von Abhängigkeiten. Der Mensch wird aus dem Leib der Mutter befreit und löst sich später von den Eltern und Lehrern. Er wird unabhängig von dem Geliebten und bewältigt seine Angst vor dem Tod. Er befreit sich vom Druck der Gesellschaft und von der ewigen Angst um sein Leben.

Der Mensch sucht die Freiheit, die Unabhängigkeit.

Dieser Weg ist nicht einfach. Er erfordert viel Mut und Kraft. Der Mensch muß immer wieder die Konditionierungen seiner Vergangenheit abstreifen und seine Trägheit überwinden.

Im Lichte der Karte XXI erfährt der Mensch diese Befreiung. Symbolisch gleitet er durch den Kosmos, umrahmt von einem Lorbeerkranz und umringt von den ewigen Kräften der Existenz, dem Stier, dem Löwen, dem Adler und dem Menschenengel.

Für viele Tarotmeister ist diese Karte ein Ausdruck für die Erleuchtung oder für die endgültige Befreiung der Seele. In den meisten Tarotbüchern vollendet sich das Spiel des Lebens mit der Karte der Welt.

Aber die Karte XXI meint jede Form von Befreiung.

Jeder Befreiung aber folgt irgendwann eine neue Abhängigkeit. Der Mensch ist nicht endgültig erlöst im Lichte der letzten Karte.

Das große Lebensspiel geht weiter. Der Geist des Tarot hält schon die nächste Karte bereit.

Die Aussage

Die Befreiung
Die Lösung von Abhängigkeiten und Konditionierungen
Selbstüberwindung und Selbstverwirklichung
Unbegrenzte Möglichkeiten
Die Freiheit

Englisch: The World

Der Narr

Karte 0

0 Der Narr

Die Bedeutung

Der Narr ist die seltsamste Trumpfkarte im Tarot. Die Tarotmeister haben die unterschiedlichsten Meinungen über ihn. Der eine behauptet, er sei von Anfang an dabeigewesen, ein anderer weiß, daß ihn erst die Zigeuner dazugemischt haben. In vielen älteren Tarotbüchern ist der Narr, die Null, das Menschlein vor seiner Bewußtwerdung, vor seiner Einweihung in die hohe Kunst des Tarot. Und bei genauso vielen neueren Büchern ist der Narr der eigentlich Weise und Wissende, der über die esoterischen Wichtigmacher lauthals lacht. Diese Unklarheit über Herkunft und Bedeutung des Narren entspricht genau seiner Natur.

Einen wirklichen Narren kann man nicht festlegen, er ist allemal nur das Spiegelbild der Welt. So groß wie sie oder so klein. So närrisch oder so weise.
Zum einen ist er wirklich eine Null, ein Dummkopf, der den Abgrund nicht sieht und immer wieder hineinstolpert in sein Unglück.
Zum anderen gibt es ihn gar nicht. Als Null existiert er zwischen den Zahlen. Er ist die erfüllte Leere.
Dann ist er der Narr, der den Abgrund nicht sieht und deswegen auch nicht hineinstürzen kann. Alle diejenigen jedoch, die mit erhobenem Zeigefinger den Menschen vor dem Sturz in die Tiefe warnen, purzeln ständig selber hinunter. Weil der Narr die Gefahr nicht sieht, bleibt er unschuldig, rein und glücklich. Er hat einen Schutzengel wie alle Narren und Kinder. Eigentlich gibt es nur zwei Menschen, die wirklich glücklich sind: der Weise und der Narr.
Es ist der Narr, der das Leben leicht und erträglich macht, weil er lachen kann. Er lacht über sich und die ganze Welt, und er bringt uns dazu, mit ihm zu lachen, auch über ihn zu lachen. Er nimmt nichts zu ernst, und als wirkliche Null kann er sich überall dazumischen. Er reitet mit dem Tod und sitzt neben dem Hohenpriester. Er ist der Joker, der für alles stehen kann und der alles durcheinander bringen kann. Er ist wirklich weise, weil er sich selbst nicht wichtig nimmt und niemandem schadet. Er ist der Garant dafür, daß das Tarot immer wieder zum heiteren Spiel wird, vielleicht von Zigeunern nur erfunden, um ernsthaften Bürgern das Geld aus der Tasche zu ziehen.
Das Tarot ist ein Spiel, und zum Schluß zeigt uns allemal der Narr seinen blanken Hintern.

Die Aussage

Der Narr
Der Humor, das Heitere
Unschuld und Reinheit
Ungebundenheit und Glück
Der lachende Buddha
Das große kosmische Gelächter

Englisch: The Fool

Das Kleine Arkanum – die Karten 1-10

Vor mir liegen 40 Karten in 4 Reihen: die Karten der Sterne, der Stäbe, der Kelche und die der Schwerter. Jede Reihe beginnt mit dem As oder der 1 und endet mit der Karte 10. Ich sitze vor den Karten und lasse sie in mich einwirken. Ich erinnere mich an die magische Frau, an die Hohepriesterin der Trumpfkarten, an ihre Ahnungen, ihre Intuition und ihr geheimnisvolles Wissen. Ich sitze da wie sie, ich fühle wie sie und öffne meine Seele für ein Gespräch mit den Karten. Werden sie mir ihre Geheimnisse verraten?

Am liebsten betrachte ich die Kelche. Nur zwei Karten sind dunkel (Kelch 5 und Kelch 8), alle anderen sind freundlich und hell. Das Kelch-As ist wundervoll: ein Gefäß, das überströmt und sein klares Wasser in einen See vergießt. Über dem Kelch ist eine weiße Taube und unter ihm eine Lotusblüte, noch glänzend im Tau des Morgens.

So ist es, wenn das Herz voll ist, wenn es überströmt vor Freude und Glück.

Ich schließe kurz die Augen. Das Bild des goldenen Kelches läßt mich nicht los: Ich denke an ein großes Fest. Die Musik ist kraftvoll und klar. Die Becher erklingen hell, wenn sie aneinanderstoßen: „Zum Wohl!“, „Gesundheit!“, „Auf ein glückliches Leben!“

Ich sehe die Kelch-5: drei Gefäße liegen am Boden, wurden umgestoßen, der Inhalt ist vergossen. Ich spüre den Schmerz, die Trauer und die Enttäuschung, die sich in dieser Karte widerspiegeln. Das Herz kommt mir in den Sinn. Das Herz ist ein Gefäß, das sich füllt und leert. Es sammelt das Blut und gibt es wieder zurück:

Das volle Herz und das leere Herz.

Das beschwingte und das enttäuschte Herz.

Die Herzen, die sich liebevoll begegnen, und die Herzen, die im Schmerz auseinander gehen.

Stehen die Kelchkarten für die Herzensangelegenheiten des Menschen? Für das, was wir Liebe nennen, Herzensgüte und Stärke, für seelische Gesundheit und Freude, aber auch für Kummer und Leid?

Wofür stehen dann die anderen Karten?
Die Schwertkarten wirken bedrohlich. Das dreifach durchbohrte Herz, die Eiseskälte der Schwert-4. Der Alptraum in den Schwertkarten 5, 8, 9 und 10. Auch die restlichen Karten sind düster und schwer. Ich denke an Zwietracht, Krieg, Niederlage und Ruin, an die Herzlosigkeit der Menschen und an die Grausamkeit des Lebens. Ich spüre Angst und Entsetzen. Was muß geschehen sein, wenn ein Mensch von zehn Schwertern durchbohrt am Boden liegt? Ich begreife, daß die Schwerter nicht die wirklich tödlichen Waffen sein können. Vielleicht sind sie dramatisch übersteigerte Symbole. Worte könnten sie sein, Anschuldigungen, die verletzen, Schmerz zufügen. Vergiftete Worte, die jemandem ins Herz gestoßen wurden: „Du bist feige, du bist nicht liebenswert, du bist falsch". Dann ist man vergiftet, gelähmt durch die Kraft der Worte. Man muß die Waffen wieder aus dem Herzen ziehen, aus dem Rücken, Schwert für Schwert.
So könnten die Schwertkarten das ausdrücken, was mir widerfährt, was mein Leben durchkreuzt, wie andere mir schaden, wie das Leben mich schlägt und wie ich damit fertig werde.
Jetzt die 10 Karten der Stäbe.
Wofür stehen sie?
Kraft, Schwung, Auseinandersetzung, Stolz und Sieg drücken sie aus. Nur die letzte Karte (die Stab-10) ist anders. Alle Stäbe treiben Blätter. Ist dies ein Zeichen für Wachstum und Fruchtbarkeit?
Ich denke an den Lebensbaum, dieses uralte Symbol für Lebenskraft und Lebensgestaltung, an den Zauberstab, jenes Stück Holz, in das geheimnisvolle Kräfte gebannt sind, und an den Wanderstab, der den Menschen begleitet und ihm Mut und Zuversicht gibt.
So könnten die Stäbe für die Lebenskraft des Menschen stehen. Für Vitalität, Unternehmungsgeist, Tatendrang, Abenteuerlust, Erfolg und Mißerfolg.
Jetzt fehlen noch die 10 Sternkarten.
Wenn ich sie betrachte, denke ich sofort an Glück: das Glück, das die Sterne bringen, das Glück, das in der Kristallkugel der Wahrsagerin erahnt wird. Das stille und das laute Glück. Dann sehe ich, daß auf einigen Karten (3, 7 und 8) gearbeitet wird. Arbeitet hier jemand an seinem eigenen Glück oder wurde eine Arbeit gefunden, die glücklich macht?

Dann sind noch zwei Karten (5, 6), die das Gegenteil von Glück auszudrücken scheinen: da sind Menschen, die verletzt und krank sind und bettelarm. Sind das Unglückskarten oder symbolisieren sie eine andere Art von Glück? Den Trost, den der Verletzte findet, und das Mitgefühl, das der Bettler braucht?

Ich betrachte wieder alle 40 Karten:
Die Stäbe stehen für Stärke und Kraft, für Unternehmungsgeist und Tatendrang, für Vitalität und körperliche Gesundheit. Die Kelche stehen für die Herzensangelegenheiten: Liebesglück und Liebesleid und damit verbundene seelische Gesundheit oder Depression. Die Schwerter sagen, was das Leben durchkreuzt, was es behindert und zerstört, ob die geistige Kraft des Menschen stark genug ist, damit fertig zu werden, oder ob er daran zerbricht. Die Sternkarten helfen dem Menschen. Sie bringen Reichtum und Trost, Arbeit und Geld, Glück und Erlösung.

Was ich bin – die Stäbe
Was ich fühle – die Kelche
Was mich zwingt – die Schwerter
Was mich erlöst – die Sterne

So stellen sich mir jetzt die vier Elemente der kleinen Arkana dar. Ich denke an die Trumpfkarte XXI, die Welt. Darauf sind die vier Elemente der Schöpfung abgebildet: der Stier, der Löwe, der Adler und der Engel. Diese Symbole entsprechen den vier Elementen der kleinen Arkana:
Der Stier symbolisiert die Kraft der Stäbe. Er drückt Energie, Willen und Standfestigkeit aus:
„*Ich bin, wie ich bin, und ich will, was ich will*!“
Der Löwe steht für die Ausdrucksfähigkeit des Menschen. Er ist Symbol für die Kelche. Was der Mensch empfindet, wie er sich ausdrückt und was er erlebt.
„*Ich bin, was ich fühle*“.
Der Adler verkörpert die Sehnsucht des Menschen nach grenzenloser Freiheit. Niemand bezwingt den Adler. Er ist der König der Lüfte. Nach alten Mythen ist er der verwandelte Skorpion. In diesem Tier mit seinem tödlichen, giftigen Stachel, finden wir die Entsprechung zum Symbol der Schwerter: Der

Mensch muß durch das Leid, um erlöst zu werden. Das Schwert ist das Kreuz, das jeder auf sich nehmen muß.
„Ich bin, was ich erleide, und ich bin, was ich durchstehe!“
Im tiefsten Leid reicht der Engelmensch die Karten der Sterne. Er erlöst den Menschen, gibt ihm Trost und schenkt ihm Glück. Auf einer simplen, aber sehr realen Ebene heißt das: Der Mensch besitzt Geld – und wie man weiß – Geld erlöst!
„Ich bin, was ich an Geld in meiner Tasche habe.“
Auf einer anderen Ebene bedeutet es Arbeit, in der sich der Mensch verwirklichen kann. Arbeit befreit, erlöst den Menschen. Nur in unserer Gesellschaft ist Arbeit zum Zwang geworden, zum Joch, das den Menschen abstumpft.
„Ich bin, was ich arbeite. Ich bin, was ich durch Arbeit veräusserliche.“
Auf einer dritten Ebene bedeuten die Sterne die Erlösung im mystischen oder religiösen Sinn. Der Mensch erfährt seine Göttlichkeit.
„Ich bin, was über mein Leben hinausweist, was unsterblich ist an mir.“
Der Kreis schließt sich. Der Mensch, der ins Leben geworfen wurde, gelebt, geliebt und gelitten hat, wird erlöst, findet seine göttliche Existenz wieder.
Wer will, mag sich diese vier „L“ als Hilfe für den Anfang merken:
Leben – Liebe – Leid – Lösung.

Stab- As

Element: Feuer
Synonyme: Zauberstab
Englisch: Wand
Spielkarten: Pik, Grün, Blatt

Am Anfang war das Feuer.
Es gebiert das Leben und erhält es.
Aus dem Feuer wird dir ein Stab mit grünen Blättern überreicht, der das Leben symbolisiert. Dein Leben ist ein Geschenk, du kannst es dir nicht holen, kannst es nicht erwerben.
Die Zahl 1 steht am Anfang und ist in jeder anderen Ziffer enthalten. Mit dem Stab-As beginnt alles Leben.
DU bist Feuer. DU bist stark. DU bist.
Du brauchst Nahrung, um dich zu entwickeln, und du brauchst Raum, um dich auszubreiten.

Die Aussage

Anfang, Energie, Vitalität, Lebenskraft, Gesundheit
Feuer, Lebendigkeit, Aktivität
Eine vitale Kraft, die sich verwirklicht
Sei auf der Hut, wenn sie gegen dich steht

Stab-2

Du spürst deine Energie, deine Lebenskraft, willst hinaussehen über deinen engen Raum, hinaus ins offene Land. Du bist noch vorsichtig, betrachtest die verschiedenen Möglichkeiten, die dir offenstehen. **In deiner Hand ist die Weltkugel, Symbol der unbegrenzten Weite.**

Die Ziffer 2 bedeutet Un-ein-deutigkeit und Unentschiedenheit. Du siehst das eine und das andere und wartest ab, bis du klar und sicher bist.

Die Aussage

Unentschiedenheit, Mehrdeutigkeit
Unbegrenzte Möglichkeiten
Offene Situation
Du brauchst Zeit und mehr Informationen, um dich entscheiden zu können

Stab-3

Du hast dich entschieden!
Breitbeinig und sicher stehst du im Raum. Nichts kann dich umwerfen. Du fühlst dich stark genug, um am Lebensspiel teilzunehmen, etwas zu riskieren, Neues zu erleben. Du brauchst den geschützten Raum nicht mehr, du kannst dich selber schützen.
Die Ziffer 3 ist eine stabile Zahl. Aller guten Dinge sind drei, und ein Tisch mit drei Beinen wackelt nicht. Genauso stehst du da, sicher und standfest. Du bist in der Welt, offen für alles, was dir entgegen kommt.

Die Aussage

Sicherheit, Stärke, Standfestigkeit
Sichere Ausgangsbasis
Entschlossenheit
Öffnung nach außen

Stab-4

Bisher warst du alleine, und nur du selbst warst dir wichtig. Jetzt begegnest du anderen Menschen, die wie du das Leben entdecken wollen. Du findest die Gruppe und den Austausch von Energien.

Das geschmückte Schloß erwartet dich, lädt dich ein zu einem Fest, zu freudigem Spiel und Tanz. Du suchst das Vergnügen und läßt dich ein, tauschst dich aus mit den Schwingungen der anderen.

Die Ziffer 4 ist eine harmonische Zahl. Sie ist vollendet, wie das Quadrat und der Würfel, der aus sechs Quadraten besteht.

Die Aussage

Ein freudiges Ereignis
Tanz, Festlichkeit, Kommunikation, Spiel
Leben in der Gruppe
Austausch von Energien

Stab-5

Aus Spiel und Freude wächst leicht Übermut.
Immer wieder möchtest du wissen, wer am stärksten ist, wer geschickter ist als die anderen. Das ist auch natürlich so, denn der Vergleich aktiviert dich, lockt deine Energien hervor. Du zeigst, daß du mithalten kannst, daß du mutig bist und die anderen nicht fürchtest. Die Ziffer 5 ist eine bewegliche Zahl. Du hast fünf Finger, fünf Sinne, und der Fünf-Stern ist das Zeichen für Magie und Unendlichkeit. Eine Gruppe von fünf Menschen ist nie im Gleichgewicht (3+2, 2+2+1) und fördert daher die Dynamik der Gruppe.

Die Aussage

Auseinandersetzung, Lebendigkeit
Austausch von Energien
Du vergleichst dich mit anderen
Du stürzt dich ins Leben

Stab-6

Du bist der Sieger!
Du genießt Ansehen und Erfolg. Du trägst den Lorbeerkranz und reitest auf einem weißen Pferd. Es liegt in der Natur der Gruppe, sich an einem „Leittier" zu orientieren. Solange diese Stelle frei ist, ringt jeder um diesen Platz. Ist sie besetzt, findet die Gruppe ihre Struktur, ihre Form. Sie kann ein gemeinsames Ziel ins Auge fassen.
Die Ziffer 6 ist wieder eine stabile Zahl. In ihr ist die Zahl 3 zweimal enthalten. Der Würfel ist nach der Kugel der perfekteste Körper.

Die Aussage

Sieg, Überlegenheit, Ansehen
Verantwortung und Leitung
Stolz und angenehme Neuigkeiten
Du gewinnst eine Auseinandersetzung

Stab-7

Stab-7

Einerseits sucht die Gruppe eine Autorität, um sich an ihr zu orientieren. Andererseits beneidet sie jeden um diese Stellung. Sie versucht, die Position zu untergraben, die Autorität zu boykottieren.
Es liegt in der Natur einer Führungsposition, daß sie diesen Herausforderungen gewachsen ist. Damit das Leittier sein Rudel führen und schützen kann, muß es nahezu unbesiegbar sein. Auch dir stehen jetzt unbegrenzte Energien zur Verfügung, du kannst deine Position behaupten.
Die Ziffer 7 ist eine magische Zahl, die Zahl der unbegrenzten Möglichkeiten. In vielen Mythen und Märchen ist sie Symbol für unwiderstehliche Kraft und Stärke (die 7 Samurais, die glorreichen 7, die 7 tapferen Brüder).

Die Aussage

Stärke, Selbstbehauptung, übernatürliche Kraft
Eine Herausforderung, der du gewachsen bist
Du gewinnst einen Kampf
Du verteidigst dein Revier

Stab-8

Acht Stäbe fliegen durch die Luft. Es ist eine wahrhaft geballte Kraft.
Die Ziffer 8 ist gleichermaßen unendlich und in sich abgeschlossen. Als unendliche Zahl steht sie für die ungeheure Kraft, die in den acht Stäben gebannt ist: Etwas Gewaltiges (f)liegt in der Luft. In dieser Form wirkt das Unendliche bedrohlich. Das ist auch in dem Wort „Acht-ung" in seltsamer Weise eingefangen. Der Flug der acht Stäbe deutet auf eine gefährliche Wende hin. Eine Situation, ein Zeitabschnitt geht dem Ende zu. Die Stäbe neigen sich im Flug wieder der Erde zu, der Höhepunkt ist überschritten.

Die Aussage

Spannung, Energie
Etwas Bedrohliches liegt in der Luft
Achte auf die Zeichen, sei auf der Hut
Wichtig sind die Karten, die neben der Stab-8 liegen
Nur mit ihrer Hilfe kannst du erkennen, ob es ein Unheil ist, das sich ankündigt, oder ob der natürliche Abschluß einer Sache gemeint ist

Stab-9

Stab-9

In den Wahrsagebüchern der Zigeuner bedeutet die Pik-9 (die Bezeichnung für die Stab-9 im heute gebräuchlichen Kartenspiel) „die Wende einer Situation".
Auf der Karte verteidigt ein Mann mit letzter Kraft seine Position. Es ist der Sieger der Stab-Karten 6 und 7. Aber jetzt stehen die Zeichen anders: Jetzt ist die Gruppe stärker als ihr Führer, sie drängt auf den fälligen Machtwechsel. Aber die Mächtigen klammern sich immer an ihren Stuhl. Sie können nicht weichen, bis sie fallen.

Die Aussage

Die Wende
Du hast die Zeichen nicht beachtet, die Zeit der Sicherheit und Stärke ist vorüber
Du führst einen sinnlosen Kampf
Du stehst auf verlorenem Posten
Betrachte die Karten neben der Stab-9, ob sie dir noch Gutes verheißen, wenn nicht, beende deinen Kampf, gib nach

Stab-10

Stab-10

Der Kampf ist entschieden. Du bist geschlagen.
Alles, was dich sonst schmückte und zierte, deine Kraft und Geschicklichkeit, deine Übersicht und dein Stolz, das alles ist zur Last geworden, zur Bürde, die dich nahezu erdrückt.
So kannst du nicht weitergehen, dein Leben braucht eine neue Richtung.
Mit der Ziffer 10 vollendet sich die Reihe der Stäbe. Deine Kraft und Vitalität sind gebrochen. Der Weg nach außen ist nicht mehr möglich.
Jetzt muß der Mensch nach innen schauen. Er entdeckt in sich ein neues Element, seine Fähigkeit zu re-agieren.
Er taucht in den tiefen See der Kelche.

Die Aussage

Niederlage, Energielosigkeit, aber auch unterdrückte Energie
Du bist geschlagen, fühlst dich bedrückt
Öffne dich für die Empfindungen deiner Seele und erfrische dich im Tau deiner Tränen

Kelch-As

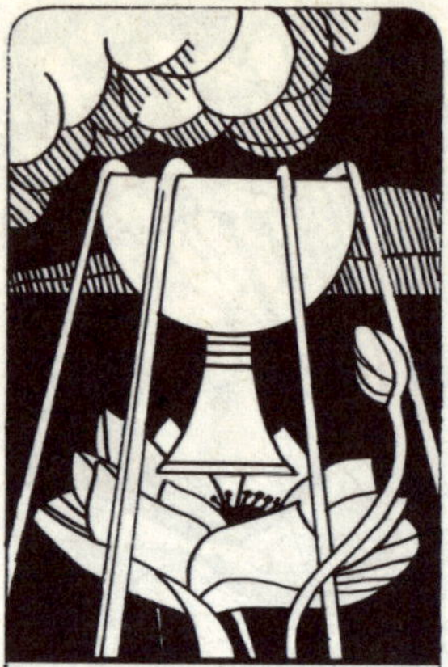

Kelch-As

Element: Wasser
Synonyme: Schale, Pokal
Englisch: Cup
Spielkarten: Herz

Das Leben, die Existenz überreicht dir ein neues Geschenk. Es ist ein Kelch, der sein Wasser in einen Lotusteich verströmt. Das Kelch-As symbolisiert, wie alle Kelch-Karten, das Wasserelement. Die Kelchkarten stehen für die rezeptive Seite des Menschen, für seine Fähigkeit zu spüren und zu empfinden und diese Gefühle auch zu zeigen.
Die Stabkarten, Zeichen des Feuerelementes, sind ein Ausdruck für die aktive Seite des Menschen, wie er hinaustritt in die Welt. Die Kelchkarten stehen für seine re-aktive Seite, so wie er die Welt in sich aufnimmt, welche Schwingungen sie erzeugt, welche Empfindungen und Gefühle sie auslöst.
Diese Gabe zum Er-leben öffnet den Menschen allerdings auch für das Leid. Aus dem Kelch des Lebens fließen nicht nur angenehme Schwingungen.

Die Aussage

Du bist Empfindung, du bist Gefühl
Gefühle sind natürlich
Du hast ein Recht auf deine Gefühle
Du kannst sie leben und du kannst sie zeigen
Du bist verletzbar

Kelch-2

Wenn sich zwei empfindsame und offene Menschen begegnen, kann Liebe geschehen. Liebende öffnen ihre Herzen, die Gefühle fließen von einem (Kelch) zum anderen. Eine neue Einheit entsteht, die den Zwei-fel, der in der Ziffer 2 gebannt ist, für eine Zeitlang aufhebt.
Ob eine solche Begegnung zur großen „Love-story" wird oder zum Flirt für einen Augen-Blick, entscheiden die anderen Karten und deine Bereitschaft, dich einzulassen.
Wichtig ist es, die Kelch-2 Karte nicht mit den Liebenden (Trumpfkarte VI) zu verwechseln. Die Trumpfkarten stehen für die Schwingungen der Seele, in diesem Fall für die Liebesfähigkeit eines Menschen, während die Karten der kleinen Arkana auf eine reale Situation hinweisen.

Die Aussage

Eine offene Begegnung
Ein Mensch, der empfindet wie du
Austausch von Schwingungen

Kelch-3

Drei Frauen heben die Becher und trinken auf dein Wohl. Die Töchter der Fröhlichkeit, der Liebe und des Glücks tanzen für dich. Du lebst in Hülle und Fülle und fühlst dich sehr gut.
Die Ziffer 3 ist eine stabile Zahl, und fest ist auch dein Glück und dein Gefühl der Freude.

Die Aussage

Fröhlichkeit, Glück, Festlichkeit
Hülle und Fülle
Ein freudiges Ereignis
Eine Angelegenheit, um die es gut steht
Glück in der Liebe

Kelch-4

Alles geschieht wie im Traum, alles erfüllt sich wie von selbst.
Du sitzt einfach da und genießt den Augenblick.
In deinem Glück merkst du gar nicht, daß dir das Leben ein neues Geschenk überreicht. Du bist viel zu versunken in das, was du bereits hast, etwas anderes interessiert dich nicht.
Die Ziffer 4 ist eine harmonische und in sich abgeschlossene Zahl. Und so fühlst du dich auch: zufrieden, ruhig und ausgewogen.
Aber am Horizont dämmert schon die Wende. Wer satt ist vom Glück, wird leicht selbstgefällig und übersieht, daß die Sichel des Glücksmondes immer schmäler wird.

Die Aussage

Du ruhst dich aus auf deinem Lorbeer
Du lebst deinen „Honeymoon"
Du fühlst dich zufrieden und ausgewogen
Aber bei entsprechenden Nebenkarten:
Du bist selbstgefällig und verpaßt eine Chance
Du vergibst eine Lösung, die greifbar nahe ist
Öffne deine Augen und sieh

Kelch-5

Drei Kelche sind umgestoßen. Die Töchter des Glücks, der Fröhlichkeit und der Liebe haben dich verlassen. Nur zwei Kelche bleiben dir und damit das Gefühl der Ver-zwei-flung und Enttäuschung.
Die Ziffer 5 ist eine bewegliche Zahl. Du siehst in dein gebrochenes Herz und weißt, daß du dein Leben verändern mußt.
„The honeymoon is over"!
Dein Glücksmond ist vergangen. Aber du bist nicht verloren. Dein Herz ist nicht nur offen für die angenehmen Schwingungen des Lebens. Es sucht nicht nur das Glück. Es findet sich auch im Schmerz, im dunklen Tau der Nacht.

Die Aussage

Schmerz, Leid, Trennung, Verlust, Verzweiflung, Enttäuschung
„The honeymoon is over"
Öffne dein Herz gleichermaßen für das Glück und den Schmerz

Kelch-6

Die Karte der Erinnerung.
Erinnerungen können dich glücklich machen, und sie können dir Schmerz bereiten. Sie bringen dir die Zuversicht und Unschuld deiner Kindheit und die Sehnsucht nach dem verlorenen Paradies.
Deine Vergangenheit ist nie wirklich vergangen. Auch wenn du es nicht merkst, bestimmt sie dein ganzes Leben. Das Kind in dir ist viel mächtiger als du denkst. Es braucht seinen Raum, und wenn du es unterdrückst, wirst du zwanghaft und steif. Solange du dich nicht in ihr verlierst, ist deine Kindheit wie eine Quelle, aus der du Freude und Trost schöpfen kannst.

Aussage

Regression
Das Kind im Menschen
Du wirst an deine Kindheit erinnert
Eine Situation, in der du Kind sein kannst
Erinnere dich an deine spielerischen Fähigkeiten
Verliere dich aber nicht in deiner Vergangenheit

Kelch-7

Du findest in deiner Vergangenheit Trost, aber du kannst dich auch in ihr verlieren. Genauso ist es mit einer anderen Quelle in dir: deiner Phantasie. Sie trägt dich in das Land der Träume und der unbegrenzten Möglichkeiten, aber auch in das Reich von Einbildung und Trug. Du kannst aus ihrem Wasser schöpfen und darin vergehen.
Die Phantasie befreit den Menschen aus der Bitterkeit des Lebens und sie verleitet ihn zur Flucht aus der Wirklichkeit.
Die Ziffer 7 ist die Zahl der Magie und der Zauberei. In der Gabe zum phantastischen Sehen liegt auch die Quelle zur visionären Schau.

Die Aussage

Die Karte ist für sich allein nicht eindeutig
Betrachte die anderen Karten, die aufgedeckt wurden oder ziehe weitere Karten

Günstige Nebenkarten:	**große Schöpferkraft, Phantasie** **ungeahnte Möglichkeiten** **Kraft des Unbewußten** **Kunst und Kreativität** **günstige Zeit für visionäres Sehen in der kristallenen Kugel**
Ungünstige Karten:	Einbildung, Trug, Realitätsverlust, Flucht aus der Wirklichkeit, Rausch

Kelch-8

Karg ist das Land und dunkel dein Herz. Du kehrst den acht Kelchen den Rücken zu. Du nimmst Abschied und verzichtest auf das Glück des Augenblicks.
Vielleicht, weil dir das Glück zu kurzlebig scheint, vielleicht, weil dich gerade jetzt das Leben in eine andere Richtung zieht, vielleicht, weil du empfindest wie der Mond, der nach der Fülle die Leere sucht.
Die Ziffer 8 ist unendlich und in sich abgeschlossen zugleich. Der Schwung der 8 nimmt immer die gleiche Bahn. Vielleicht ist es diese endlose Wiederholung, die Monotonie der Gewohnheit, aus der der Mensch immer wieder ausbrechen muß, suchend, zu neuen Ufern, den Schmerz des Abschieds noch im Herzen.

Die Aussage

Schmerz, Abschied, Trennung, Verzicht
Eine Liebe, die nicht gelebt werden kann
Ein Glück, das dich nicht mehr erfüllt
Die Suche nach neuen Ufern
Gefühl von Melancholie und Schwermut

Kelch-9

Kelch-9

Aus der Leere wächst die Fülle: Du hast das große Glück gefunden und du kannst dich sehen lassen. Eigentlich hast du jetzt alles, was du brauchst, was du immer gesucht hast. Du kannst dich ausruhen, die Hände in deinen Schoß legen.
Die Ziffer 9 ist eine stabile Zahl (3×3), und voll Stärke und voll Zuversicht siehst du in die Zukunft. Die 9 steht aber auch kurz vor der Vollendung, und oft geben sich Menschen schon zufrieden, wenn sie kurz vor ihrem Ziel angelangt sind.
„Jetzt habe ich doch schon alles, und das letzte Stück schaffe ich allemal."
In dieser Selbstgefälligkeit liegt der Keim zum Selbstbetrug. Auch der beste Wein wird schal und abgeschmackt, wenn er nicht getrunken wird.

Die Aussage

Zuversicht, Gesundheit, Zufriedenheit
Lohn für deine Mühe
Du kannst dich sehen lassen
Bei entsprechenden Nebenkarten:
Selbstgefälligkeit, Erstarrung
Der Schein vom erfüllten Leben

Kelch-10

Kelch-10

Wieder bist du am Ende einer Reise, hast eine weitere Ebene menschlicher Existenz gelebt.
Die Ziffer 1 erfüllt sich in der Zahl 10. Sie findet ihren Abschluß, ihre Erlösung.
Du bist angekommen und dieses Mal wendet sich das Leben nicht gegen dich (wie bei der Stab-10), sondern es bringt dir den goldenen Regenbogen.
Dieses Gefühl keimt im Urbild der Familie, und es blüht, wo immer Menschen sich mit offenem Herzen begegnen und zusammenleben. Ein Gefühl, das dich erschauern läßt im bunten Wasserfall des Glücks.

Die Aussage

Du bist angekommen, bist zu Hause
Eine Gemeinschaft, die dich trägt
Eine wichtige Freundschaft, eine außergewöhnliche Liebe
Der Ort, an dem du zu Hause bist

Schwert-As

Element: Luft
Synonyme: keine
Englisch: Sword
Spielkarten: Eichel, Kreuz

Du erhältst ein gekröntes Schwert und damit die Fähigkeit zur Erkenntnis.
Das Schwert bringt Segen und Fluch zugleich. Der Mensch erhebt sich über die Natur, er will zu Gott. Damit wird er aber auch von sich selber gebrochen, er verliert seine paradiesische Unschuld. Adam und Eva, die vom Baum der Erkenntnis genommen haben, müssen den Garten Gottes verlassen. Sie beginnen ihre lange Reise durch die Welt der Menschen. Es ist die Welt des Verstandes, der Reflexion, des Urteilens und des Verurteilens, die Welt des Zweifels und der Verzweiflung.
Es ist aber auch die Welt des Verstehens, der Vernunft und der Weisheit, die in die Erlösung führt.
Die Schwertkarten sind dem Element Luft zugeordnet.

Die Aussage

Günstige Nebenkarten:	Die Kraft klarer Gedanken Entscheidung, Erkenntnis Klugheit und Umsicht
Ungünstige Karten:	Verhärtung, Verkopfung Streitlust

Schwert-2

Die Gabe zu denken bringt dir auch den Fluch des Zwei-fels und der Zwei-deutigkeit aller Dinge.
Der Zweifel ist quälend und macht dich mißtrauisch und kritisch. Du redest nur noch mit dir selbst und verlierst jeden vertraulichen Kontakt zu deinen Mitmenschen. Du schützt dich vor möglichen Angriffen und verbirgst dahinter nur deine Unsicherheit und Verletzlichkeit.
Öffne deine Augen und sieh, was dir das Leben wirklich bringt.

Die Aussage

Zweifel, zweifelhafte Situation
Quälende Entscheidungsunfähigkeit
Selbstschutz, Angst vor Verletzlichkeit
Spiel mit den Waffen des Intellekts

Schwert-3

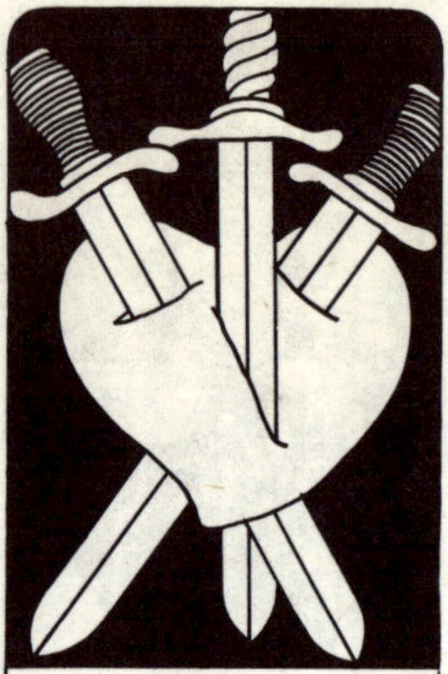

Schwert-3

Dein Herz ist 3-fach durchbohrt, du erfährst ein tiefes Trauma und beginnst die Reise durch den inneren Tod. Dein Leben ändert sich.
Von früh auf begegnet der Mensch der Logik der Schwerter. Jedes Gebot, jedes Verbot, jedes laute Wort bohrt sich in sein Herz, und manchmal bleiben die Narben ein ganzes Leben lang.
Die Ziffer 3 ist die stabilste Zahl. Das 3-fach durchbohrte Herz ist tief verletzt. Es ist erschüttert in seinem Urvertrauen. Der Glanz des Lebens ist getrübt.

Die Aussage

Trauma, existentielle Enttäuschung
Tiefe Verletzung, Tränen, Schmerz
Verzweiflung am Leben, Liebeskummer
Narben uralter Verletzungen

Schwert-4

Du bist so tief getroffen, du bist so verzweifelt über die Grausamkeit des Lebens, daß du dich in deine innerste Einsamkeit flüchten mußt. Du lebst den inneren Tod und suchst ein neues Verhältnis zum Leben.
Die Ziffer 4 ist in sich abgeschlossen. Hier bedeutet sie den Rückzug und die Abgeschlossenheit von der Außenwelt.
Wenn der Mensch durch das Leid geht, es tief in sich eindringen läßt, opfert er immer auch ein Stück seiner unbeschwerten Lebendigkeit, seiner kindlichen Natürlichkeit. Er erhält dadurch immer tiefere Einsicht in das Leben, er wird lebenserfahren und weise.

Die Aussage

Die verletzte Seele sucht die Einsamkeit
Der Rückzug von der Außenwelt
Verzicht, Opfer
Zeit der Reinigung, des Fastens

Schwert-5

Du erkennst, daß auch du zum Schwert greifen mußt, du suchst den Kampf, und du gewinnst die Auseinandersetzung.
Aber was für ein Pyrrhussieg!
Sieger und Besiegte sind gleichermaßen geschlagen, der Schmerz ist noch größer geworden.
Die Ziffer 5 ist eine bewegliche Zahl, und die Gedanken an sich sind leicht und beweglich wie Luft. Mit ihrer Hilfe können wir uns verständigen und uns begegnen. Sie gestalten sich zum Lied und zum vollendeten Gedicht.
Aber du hast den Gedanken die Leichtigkeit genommen, sie zu stählernen Waffen geschmiedet, um das Ganze zu zerteilen, es zu analysieren, zu beurteilen, über es zu richten.
Aber alles, was du anderen tust, tust du auch dir selbst an. Wenn du zerstörst, ruinierst du auch dein eigenes Leben, wenn du richtest, verurteilst du dich auch.

Die Aussage

Ein Pyrrhussieg, trauriger Triumph
Gemeinheit und Hinterlist
Schmach, Beleidigung, Verrat

Schwert-6

Schwert-6

Du verheimlichst einen Konflikt und versuchst, ihn aus der Welt zu schaffen. Du möchtest das ewige Streiten beenden und suchst nach einem Ausweg und nach einem neuen Anfang. Ob dir das gelingt, ist eine andere Sache, denn die Schwerter gehen mit und schnell können sie sich wieder in tödliche Waffen verwandeln.

Die Aussage

Ein Konflikt soll aus der Welt geschafft werden
Eine Veränderung, die nicht unbedingt etwas verändert
Ein neuer Lebensabschnitt, der das Alte in sich trägt
Eine Reise über das (große) Wasser, mit neuen Hoffnungen und alten Ängsten

Schwert-7

Schwert-7

Ein anderer Versuch, das ewige Streiten zu beenden. Du entwaffnest den Feind durch eine listige und geistreiche Attacke. Die Ziffer 7 ist magischen Ursprungs, und du hast all deine Fähigkeiten in diese Aktion eingebracht. Zwei Schwerter bleiben zurück und damit auch der Zwei-fel, ob diese List den Kampf wirklich beenden kann, die Seele endlich Ruhe finden wird.

Die Aussage

List, Erfindungsgabe, Schläue
Eine witzige und geistreiche Überrumpelung
Ein Eulenspiegelstreich
Die List des Odysseus

Schwert-8

Das Blatt hat sich gewendet. Jetzt bist du geschlagen und könntest vergehen vor lauter Scham. Die Ziffer 8 ist Symbol der Unendlichkeit und grenzenlos ist die Schmach und Schande, der du dich aussetzen mußt.
Der Mensch besitzt ein natürliches Gefühl der Scham. Es macht ihn weich und verletzlich und nichts trifft die Seele mehr, als wenn diese kindlichen Gefühle mißbraucht werden. Sie zieht sich zurück und verschanzt sich hinter einer Mauer aus Abwehr und Eis.

Die Aussage

Schmach, Schande, Verrat, Verleumdung
Gewaltsame Demütigung, Krise
Öffentliche Verurteilung
Verzweiflung und auch Krankheit

Schwert-9

Du findest keine Ruhe mehr. Die Gedanken, die in dir geboren wurden, haben sich verselbständigt und verfolgen dich bis in deine Träume hinein. Sie werden zu Geistern, die dich heimsuchen und quälen.
Du bist verloren, wenn du die Geister nicht bannen kannst. Du mußt erkennen, was genau jedes einzelne Schwert für dich bedeutet und es beim Namen nennen.
Erinnere dich an die Kraft deines Körpers, an die heilenden Energien der Kelche: schreie, tobe, ergib dich dem Schmerz und reinige dich mit dem Wasser deiner Tränen. Verliere nicht den Hoffnungsschimmer, der auch im tiefsten Leid sich schon am Horizont zeigt: die Engelshand mit dem goldenen Stern der Erlösung (Stern-As).

Die Aussage

Alptraum, Nacht der Verzweiflung
Wahnvorstellung
Selbstbeschuldigung
Qual über einen Mißerfolg, über falsches Verhalten

Schwert-10

Hingestreckt liegst du da, von Schwertern 10-fach durchbohrt. Es ist das Ende. Die Katastrophe ist hereingebrochen.
Mit der Ziffer 10 erfüllt sich die Reihe der Schwertkarten, sie erfüllt sich in Grausamkeit und Leid. Der Fluch über dem Baum der Erkenntnis ist wahr geworden. Der Mensch, der nur auf die Kraft des Verstandes baut, ist verloren. Er erstickt in seinem eigenen Netz.
Aber nur der Mensch, der bis zum bitteren Ende geht, spürt die sanfte Hand der Erlösung, die ihm einen neuen Weg zeigt.

Die Aussage

Ruin, Katastrophe, Grausamkeit, das Ende
Das Äußerste, was du ertragen kannst
Überfall, Bedrohung, festgenagelt werden

Stern-As

Element: Erde
Synonyme: Pentagramm, Glücksstern, Sterntaler
Englisch: Pentacle
Spielkarten: Karo, Schell

Dieses Mal wird dir eine kristallene Kugel mit dem Zeichen des Fünfsterns überreicht. Dieser Stern bedeutet Unendlichkeit. Seit alters her ist er das Zeichen für die Kräfte der „weißen Magie". Die Gestaltungen der Reinheit, der Wahrhaftigkeit und des Göttlichen tragen diesen Stern. Sie unterscheiden sich damit vom Fünfstern („Drudenfuß", „Fünfzack") des Teufels und aller „Schwarzmagier", die ihn andersherum, mit der Spitze nach unten, tragen. Mit dem Zeichen des Göttlichen erhält der Mensch den Schlüssel zur Erlösung. Mit den Schwertkarten kam er bis ans bittere Ende seiner Selbstverstrickung. Im Reich der Fünfsterne kann er sich daraus befreien.
Die Zigeuner und andere einfache Wahrsager der Straße sehen in den Sternen oft nur ein Zeichen für Geld und Arbeit. Aber die Sterne sind grenzenlos, und ihre Symbolik reicht weit über die Begrenztheit der materiellen Wirklichkeit hinaus. Sie weisen den Weg in die Unendlichkeit.

Die Aussage

Das große Glück, großer Reichtum (an Geld, an Glück, an dem, was wir wünschen)
Erfüllung
Wohlbefinden und Gesundheit
Zeit für Selbsterfahrung und Meditation

Stern-2

Stern-2

Erinnere dich an die Schwert-2 Karte, wie ver-zwei-felt du warst, weil du dich nicht entscheiden konntest. Jetzt findest du eine neue Art, damit umzugehen: du wirst zum Lebenskünstler, zum Jongleur, der mit dem Leben spielt.
Du legst dich nicht fest, sondern bist offen für den Gang der Dinge. So ergibt sich das eine wie das andere, und du wirst erlöst vom quälenden Gefühl der Unentschiedenheit.
Du entdeckst auch die Heiterkeit, eine andere Gabe, die dich über das Leben erhebt.

Die Aussage

Eine Sache von geringerer Bedeutung
Eine Bagatelle
Der spielerische Umgang mit einer Entscheidung
Das eine ist wie das andere
Sorglosigkeit, ein einfaches Leben
Die Heiterkeit
„Lachen ist die beste Medizin“

Stern-3

Du findest eine Arbeit, die dich erfüllt. Du bemerkst, wie dich diese Tätigkeit anzieht, wie du dich wiederfindest in ihr. Du kannst alles aus dir herausholen, dich verwirklichen. Ohne es genau zu wissen, arbeitest du an deinem Lebenswerk, erfüllst deinen Lebensbaum.

Die Ziffer 3 ist eine stabile Zahl, und manche Menschen haben sich in ihrer Arbeit verewigt und schufen bleibende Denkmale menschlicher Genialität und Schöpfungskraft.

Die Aussage

Arbeit, Selbstverwirklichung durch Arbeit
Das Lebenswerk, Lebensbaum
Eine Zeit, um mit deiner Arbeit in die Öffentlichkeit zu gehen, dich zu zeigen
Eine Tätigkeit, die Geld und Ansehen bringt
Du wirst an deinen Taten gemessen

Stern-4

Eigentlich hast du alles, was du dir wünschst, und trotzdem bist du nicht wirklich zufrieden.
Du bist reich und hältst das Glück in deinen Armen. Du genießt Ansehen, und manche beneiden dich sogar um dein Glück. Aber eine innere Stimme läßt dir keine Ruhe, und du kannst ihr nicht entkommen.
Die Ziffer 4 ist eine abgeschlossene Zahl, und irgendwie spürst du die Routine deines Lebens, die Selbstverständlichkeit, mit der sich alles erfüllt. Drei Sterne hältst du in deinen Armen: sie bedeuten die greifbare Wirklichkeit, deine Sicherheit. Der vierte Stern weist über dich hinaus, er krönt dich. Er ist die innere Stimme der Wahrheit, die dich immer weiter treibt, bis du am Ziel bist.

Die Aussage

Sicherheit und Routine, die zur Last werden
Wohlstand, der übersatt macht
Zufriedenheit, die keinen Frieden gibt
Eine innere Stimme, die dich weitertreibt

Stern-5

Du bist gewohnt, alles, was du willst, zu bekommen und hast ganz vergessen, was es heißt, andere um etwas zu bitten, Trost zu suchen, die Wärme eines Herzens zu spüren, das offen ist und gibt.
Jetzt, da du verloren hast, da du auf der Schattenseite des Lebens bist, einsam und ausgestoßen, öffnet sich dein Herz für die wohltätigen Schwingungen der anderen. Erst jetzt, da du im Dunkeln gehst, kannst du das Licht erkennen, das dich tröstet. Du erfährst die Herzensgüte des Lebens, die Hand, die dich auch im Unglück niemals verläßt.

Die Aussage

Armut, Elend, Verlust und damit die Bitte an andere um Hilfe
Was andere für dich tun
Trost, Mitgefühl, ein warmes Herz, wirkliche Freunde

Stern-6

Wenn du nichts hast, tröstet dich das Leben; darum teile, wenn du im Überfluß lebst.
Die Ziffer 6 besteht aus zwei stabilen Hälften (3+3=6). So erinnert dich die Karte daran zu teilen, die Waage ins Gleichgewicht zu bringen. Damit ist nicht alleine dein materieller Besitz gemeint, sondern alles, was dich reich macht:
Wenn du mehr weißt, gib deinen klugen Rat.
Wenn du stark bist, gib von deiner Stärke.
Wenn du glücklich bist, teile dein Glück.
Bei alledem bist du weise und klug. Du wägst ab, daß deine Großzügigkeit niemanden verletzt.

Die Aussage

Das, was du für andere tust
Deine Großzügigkeit und Hilfsbereitschaft

Stern-7

Stern-7

Wenn das Feld bebaut ist, ist die meiste Arbeit schon getan. Der Gärtner kann ruhen, bis die Ernte reif ist.
Die Ziffer 7 ist eine geheimnisvolle Zahl, und rätselhaft ist das Wunder des Lebens:
Wie ist es möglich, daß aus dem Samen eine Lilie wird?
Welche Kräfte formen die Pflanze zum Baum?
Wenn du still bist, sehr, sehr still, dann spürst du den Atem der Natur. Wie alles wächst und lebendig ist, sich erfüllt, ohne daß DU tust. Sitze einfach da und entspanne dich, erkenne.

Die Aussage

Eine Angelegenheit reift ohne dein Zutun
Zeit der Ruhe, Sammlung und Meditation
Warten auf den Erfolg

Stern-8

Es gibt Zeiten der Stille, der Entspannung und der Erholung, und es gibt Zeiten, in denen du all deine Energien einbringen mußt, um dein Lebenswerk voranzutreiben.
Der Mensch wird geboren, um sich selbst zu erkennen, um sein Schicksal zu erfüllen. Dieser Weg ist mühsam und lang.
Die Ziffer 8 ist ein Zeichen für Unendlichkeit und ein Symbol für deine Suche.
Alles was du tust, jedes Werk, jeder Gedanke, jeder Atemzug ist eine Stufe auf deinem Weg.

Die Aussage

Eine wichtige Arbeit vorantreiben
Eine Lebensaufgabe, Erfüllung in der Arbeit
Mühsamer, aber lohnender Weg
Fleiß, Ausdauer, "Working-Meditation"
„Jeder ist seines Glückes Schmied"

Stern-9

Stern-9

All deine Mühe hat sich gelohnt, der Erfolg krönt dich. Du lebst an einem magischen Ort, begegnest glücklichen Menschen und findest dich selber schön und vollendet.
Alles, was du in dein Leben eingebracht hast, deine Arbeit und deine Mühe, dein Verständnis und die Güte deines Herzens, ist zum großen Reichtum deiner Seele geworden.
Jetzt ist nichts mehr zu tun, als das Leben zu genießen und zu feiern, wie ein Vogel, der sein Lied singt aus reiner Lust an der Freude.

Die Aussage

Erfolg, Lohn, Erfüllung
Schönheit und Vollendung
Eine Sache wendet sich zum Besten
Ein Wunschtraum, der sich erfüllt
Eine Zeit, das Leben zu feiern

Stern-10

Du bist angekommen.
Was immer das Ziel deiner Reise war, jetzt bist du da!
Vielleicht warst du auf der Suche nach dem Glück in deiner Familie oder in einer Gemeinschaft. Vielleicht war es die Suche nach Wahrheit, die dich trieb. Vielleicht war es einfach die Sehnsucht nach einem erfüllten Lebensabend. Du bist angekommen. Dein Weg hat sich vollendet.
Die Ziffer 10 schließt den Kreis der magischen Sterne und erhöht damit die Zahl 1. Der Fünfstern der Unendlichkeit, der in den Himmel zeigt, ist jetzt in deinem Herzen und erlöst dich. Deine Reise ist am Ziel. Du hast dich vollendet.

Die Aussage

Vollendung einer langen Reise, Suche
Was dich weiterbringt und erhöht
Günstigste Zeit für Familie, Gemeinschaft und Gruppe
Für Sannyasins: Gemeinschaft mit Bhagwan

Die Hofkarten

Die Hofkarten sind die Akteure des Lebens. Sie verweisen auf reale Personen: auf dich, mich, unsere Eltern, Freunde, Feinde, die geliebten und ungeliebten Menschen in unserem Leben. Es gibt die Hofkarten der Stäbe: sie kennzeichnen Personen, die ihre vitale, männliche und aktive Seite betonen. Die Hofkarten der Kelche meinen eher empfindsame, weiche Menschen, die sich von ihren Gefühlen leiten lassen. Die Hofkarten der Schwerter verweisen auf Verstandesmenschen, die alles mit dem Kopf kontrollieren wollen. Die Hofkarten der Sterne schließlich stehen für die Suchenden und Weisen, für Menschen, die über den Augenblick hinaussehen möchten.
Es gibt den König (King), die Königin (Queen), den Ritter (Knight) und den Pagen (Page) oder Buben. König und Königin sind die höchsten Vertreter des Staates. Im Tarot stehen sie daher für die wichtigsten und bedeutsamsten Personen im Leben des Tarotspielers. Oft verweisen sie auf die (oder den) Fragende(n) selbst oder auf Eltern, Geschwister, Gatten, Geliebten. Manchmal meinen sie auch den Vorgesetzten oder eine andere gesellschaftliche Autorität. Die Karten der Ritter kennzeichnen Personen, die stark sind, sich einsetzen für ihren König oder ihre Königin. Hat man einen „Ritter" zum Freund, so kann man sich bedingungslos auf ihn verlassen. In der Regel verweist eine Ritterkarte auf eine männliche Person. In seltenen Fällen steht sie für eine Frau mit diesen Eigenschaften. Die Pagen stehen für Menschen, die noch „in die Schule gehen". Sie versuchen, ihr Element besser zu verstehen und zu beherrschen. Manchmal sind sie auch Überbringer wichtiger Botschaften oder stehen für die Kinder des Fragenden. Sie können männlich oder weiblich sein.

Die Hofkarten als Signifikator.

Im Abschnitt „Legetechniken und Deuteverfahren" werden Methoden beschrieben, bei denen dem Fragenden anfangs eine bestimmte Karte zugewiesen wird. Beim „Keltischen Kreuz" oder beim „Zigeunertarot" wird der Fragende zunächst durch eine Karte gekennzeichnet, bevor die Karten gemischt und ausgelegt werden. Diese Karte nennt man Signifikator, und sie ist in der Regel eine Hofkarte. Handelt es sich um einen Mann, wählt man den König, ist es eine Frau, die Königin. Die Zigeuner bestimmen den Signifikator nach der Farbe der Haare und Augen des Fragenden: Stabkarten werden zum Beispiel für Menschen mit blondem oder rötlichem Haar und blauen Augen ausgewählt.

Ich weise dem Fragenden diejenige Karte zu, die am ehesten zu seiner Frage paßt: für Angelegenheiten des Gefühls und des Herzens den Kelchkönig oder die Kelchkönigin, für Unternehmungen, wie eine Reise oder eine wichtige Veränderung, den Stabkönig oder die Stabkönigin, für Gespräche über den weiteren Lebensweg oder über lebensbestimmende Veränderungen eine Königskarte der Sterne. Die anderen Hofkarten gebrauche ich selten als Signifikator.

Stab-Page

Stab-Page

Er ist eine Gestaltung aus dem Reich des Feuers. Er kann eine Frau sein oder ein Mann. Er steht dem Fragenden zur Verfügung, er überbringt Botschaften, und manchmal ist er der Lernende, der Anfänger, der noch in die Schule geht, um tiefer in die Geheimnisse seines Elementes einzudringen.
Er ist lebendig und lebensfroh und schießt leicht über das Ziel hinaus. Er wird zum Sturmwind, wenn man ihn einengen will. Er braucht Möglichkeiten, sich auszuleben und zu bestätigen. Er liebt seine Freiheit. Die Botschaften, die er überbringt, stammen aus dem Reich des Feuers und verkünden neue Taten oder verheißen ein Abenteuer oder eine Reise.

Als Signifikator: Selten, höchstens für einen sehr jungen Mann oder eine junge Frau, Knaben oder Mädchen, wenn sie seine Eigenschaften besitzen.

Die Aussage

Ein junger, aufgeschlossener, freiheitsliebender Mann
Eine junge, lebensbejahende Frau
Der Fragende oder ein Mensch aus seinem Leben, der ihm zugeneigt ist
Auch das eigene Kind

Stab-Ritter

Er ist die vitalste Gestalt unter den Hofkarten. Wie ein Feuerrad entzündet er sich ständig neu, und seine Kraft scheint nie zu versiegen. Er ist der Kämpfer und Abenteurer, aber er kämpft nicht, um zu töten, sondern aus purer Freude am Spiel der Kräfte. Alles, was das Leben lebendiger macht, lockt ihn, und jede Abwechslung ist ihm recht. Er lebt nur seine männliche Seite, und sein Planet ist der feurige Mars des Frühlings. Sein Pferd ist heiß, wild und schnell wie der Sturmwind des Südens. Freiheit und Unabhängigkeit sind ihm wichtiger als alles andere. Fühlt er sich eingesperrt, wird er aufbrausend und wild.
Nicht immer kann er seine Energien ausleben; dann verbrennt ihn sein eigenes Feuer. Er wirkt abwesend, gedrückt und trotzdem angetrieben von einer inneren Gewalt.

Als Signifikator: Selten

Die Aussage

Ein äußerst vitaler und lebensbejahender Mann
Der Fragende selbst oder ein Mensch im Leben des Fragenden mit der Bedeutung dieser Karte
Auch der Freund, auf den man sich bedingungslos verlassen kann, der für den anderen durchs Feuer geht
Auch eine Frau mit diesen Eigenschaften

Stab-Königin

Stab-Königin

Sie ist die Königin der Amazonen, Meisterin des Feuers und aller verzehrenden und nach außen drängenden Energien. Eine vitale und energische Frau, die stärker ihre männliche Seite auslebt. Wie ihr Partner und Bruder, der Stab-König, drängt es sie hinaus in die Welt, sie sucht das Abenteuer und die Begegnung mit den verschiedensten Menschen. Ihre Nähe bringt Abwechslung und Fröhlichkeit, aber auch Spannung und Unruhe. Wenn sie sich eingeengt fühlt, kann sie sogar grob und verletzend werden.
Als Meisterin des Feuers verfügt sie über die geheimnisvollen Kräfte der Verwandlung. Sie ist die Hexe und Zauberin unter den Königinnen. Wenn sie will, ist sie verlockend und attraktiv und zieht jedes Männerherz in ihren Bann. Sie steht zu ihren erotischen und sexuellen Energien und kämpft für ihre Liebe.

Als Signifikator: Für die fragende Frau. Sonst wie beim Stab-König.

Die Aussage

Eine starke, vitale und attraktive Frau
Die Fragende selbst oder ein bedeutsamer Mensch im Leben der Fragenden
Auch die attraktive und begehrte Frau

Stab-König

Stab-König

Er ist der König der Riesen und Zwerge und aller anderen Geschöpfe, die über ungeheure Kraft, Ausdauer und Energie verfügen. Sein Element ist das Feuer, und über seinem Haupt verbinden sich die Energien der Sonne und des Mars. In seinem Feuerstab fließt der ewige Lebensstrom. Er ist der Zaubermeister unter den Königen. Er lebt vor allem seine männliche Seite aus und tritt in die Welt hinaus, aktiv, fordernd und bestimmend. Seine Nähe ist nicht immer leicht zu ertragen, weil seine Energien oft übersprühen und andere Menschen überfordern. Sein Drang nach Neuem läßt ihn nirgends lange verweilen. Zu einer feurigen Liebesnacht ist er immer bereit, aber nur schwer zu einer festen Bindung. Wenn er sich nicht ausleben kann, wird er unruhig, innerlich angespannt und nervös. Er kann schlecht warten und will alles sofort. Was ihm fehlt, sind Ruhe und Geduld.

Als Signifikator: Für den fragenden Mann bei allen Angelegenheiten im Zusammenhang mit Aktivität, Kraft und Vitalität.

Die Aussage

Ein starker, stolzer und freiheitsliebender Mann
Der Fragende selbst oder ein sehr wichtiger Mensch aus dem Leben des Fragenden
Der Vater, der Vorgesetzte, auch der begehrte, attraktive Mann

Kelch-Page

Er ist der Bote aus dem Reich des Wassers und überreicht ein wundervolles Geschenk. Es sind die Herzensregungen eines anderen Menschen, die er dem Fragenden überbringt. Der Fisch in seinem Kelch ist stumm. Gefühle kann man nicht immer aussprechen, man muß sie empfinden, von Herz zu Herz. So ist er auch ein Mensch (Mann oder Frau), der dem Fragenden sehr zugetan ist, aber seine Gefühle nicht mitteilen kann. Das Reich der Gefühle ist für ihn neu, er ist behutsam und zart im Umgang mit den feinen Stimmen seiner Seele.

Als Signifikator: Selten, höchstens für ein junges Mädchen oder Kind mit seinen Eigenschaften.

Die Aussage

Eine junge, gefühlsbetonte, manchmal stille Frau
Ein junger, empfindsamer Mann
Der Fragende oder ein Mensch aus seinem Leben, der ihm zugeneigt ist
Ein Bote, ein scheuer Liebhaber, auch das eigene Kind

Kelch-Ritter

Er ist der Ritter des Herzens, der nur für seine Liebe existiert. Er ist Paris, der für Helena sein Land aufs Spiel setzt. Er ist Lancelot, der sein Leben tausendmal opfert für seine Königin. Er lebt nur für sein Herz, für seine Liebe und erfährt damit auch die unendlichen Qualen einer schutzlosen Seele. Seine Nähe ist sehr angenehm, und keine Frau verschließt ihm ihr Herz. Er ist einfühlend und zärtlich; seine empfindsame Seele nimmt die feinsten Schwingungen auf und auch nur der leiseste Schatten trübt sein Gemüt. Sein Pferd ist warm und feucht wie der Wind aus dem Westen.

Als Signifikator: Selten, höchstens für den Geliebten, über den man mehr wissen möchte.

Die Aussage

Der Ritter des Herzens, treu, einfühlsam und zärtlich
Der Fragende selbst oder ein treuer Freund
Auch der (heimliche) Geliebte einer Frau
Auch eine Frau mit diesen Eigenschaften

Kelch-Königin

Sie ist die Königin des Wassers, der Nymphen und aller anderen Geschöpfe der Tiefe der See. Sie ist still wie das Meer, aber auch so ungestüm. Wenn sie verletzt wird, brechen die Gefühle wie eine Sturmflut aus ihr heraus.
Sie lebt ihre weibliche Seite und ist die „Fraulichste" unter den Königinnen. Sie sucht Schutz und Nähe und gibt dafür Wärme, Liebe und Geborgenheit. Aber ihre Empfindsamkeit macht sie auch verletzlich, und manchmal ist sie so scheu wie ein Reh. Ihr Planet ist der Mond, und sie fühlt sich stark mit seinem Lauf verbunden. Sie öffnet sich mit dem zunehmenden Mond, lebt mit dem Vollmond ihre Leidenschaften und zieht sich mit dem abnehmenden Mond wieder zurück. Ihre große Sensibilität macht sie zur Heilerin unter den Frauen. Durch ihre Hände strömen heilende Kräfte, und ihr Herz gibt Hilfe und Trost.

Als Signifikator: Für die fragende Frau, sonst wie bei der Karte des Kelch-Königs. Auch bei Fragen, die Gesundheit, Heilung und Hilfe betreffen.

Die Aussage

Eine gefühlvoll, empfindsame und liebevolle Frau
Die Fragende selbst oder ein liebevoller, guter und wohlgesinnter Mensch im Leben der Fragenden
Auch die liebevolle und herzliche Mutter

Kelch-König

Kelch-König

Er ist der König der Elfen und aller anderen zarten und empfindsamen Geschöpfe. Sein Element ist das Wasser, und über seinem Haupt stehen die Venus und der Mond. Er lebt stärker seine weibliche Seite und ist einfühlsam und herzlich. In seiner Nähe fühlt man sich wohl und geborgen.
Seiner großen Offenheit wegen ist er leicht verletzbar, und der Schmerz kann ihn stärker und länger treffen als andere. Deswegen muß er sich schützen. Viele Menschen tragen den Kelchkönig tief verborgen in ihrem Herzen. Man sagt, daß auch die Elfen sich weit von den Menschen zurückgezogen haben, weil sie ihre Grobheit nicht mehr ertragen konnten. Durch seine Verbundenheit mit dem Wasserelement wird er zum Heiler und Therapeuten unter den Königen.

Als Signifikator: Wähle den Kelch-König, wenn es um Angelegenheiten des Gefühls oder des Herzens geht. Bei Freude, aber auch bei tiefem Schmerz oder Trauer.

Die Aussage

Ein reifer, zärtlicher und gefühlvoller Mann
Der Fragende selbst oder ein guter Freund im Leben des Fragenden
Für die Frau: Der Herzensmann, der Lebenspartner
Auch der gefühlvolle, liebevolle Vater

Schwert-Page

Er ist eine Gestaltung der Luft und kann ein Mann sein oder eine Frau. Wie alle Hofkarten der Schwerter begreift er sich und die Welt mit seinem Kopf. Er möchte das Lebendige einordnen und es nach seinen Idealen gestalten. Er ist nicht völlig unversöhnt mit der natürlichen und lebendigen Welt wie der Schwertritter. Oft hält er einen Palmenzweig in einer Hand als Geste des Friedens. Aber das Schwert in der anderen zeigt seinen eigenen Willen, seine Bereitschaft zum Nein und zum Trotz.

Als Signifikator: Selten.

Die Aussage

Ein komplizierter, eigenwilliger und „verkopfter" junger Mann
Eine junge Frau mit den gleichen Eigenschaften
Der Fragende oder ein Mensch aus seinem Leben. Auch eine Person, die eine Auseinandersetzung beginnt
Auch das Kind des Fragenden

Schwert-Ritter

Schwert-Ritter

Er ist der dunkle Ritter der Nacht, der grausige Vollender. Sein Pferd ist eisig wie der Wind des Nordens; getrieben von innerer Panik, spornt es der Ritter immer weiter an, gegen die Menschen, gegen das Leben, gegen sich und die Welt. Der Schwertritter kann den Tod bringen, aber er ist nicht der Tod der Trumpfkarte XIII, der erneuert und erlöst. Er bringt den sinnlosen Tod, der tötet, um zu vernichten, aus Angst vor dem Leben. Er ist die Ausgeburt des menschlichen Egoismus und der Feind alles Lebendigen und Natürlichen. Wo er auftritt, verstummen die Seelen wie ein Vogel beim nahenden Sturm. Das Leben wird „verkopft", zwanghaft und intellektuell. Dann geht es um Recht und Ordnung, um Rechthaben und Wichtigsein. Sein wirrer Geist ruht nicht eher, bis alles Lebendige unter seiner Kontrolle ist.

Als Signifikator: Selten.

Die Aussage

Ein widerwärtiger und kalter Mensch, Mann oder Frau, verkopft und rechthaberisch
Der Fragende in dieser Situation oder ein Mensch im Leben des Fragenden mit der Bedeutung der Karte
Auch eine starke Gegenkraft des Fragenden

Schwert-Königin

Sie ist die Königin der Dunkelheit, anziehend, aber auch unheimlich und düster. Als Drache lebt sie hinter den Bergen und lockt alle Geschöpfe an, sich mit ihr zu messen. Jedem, der ihre Fragen nicht beantworten kann, bringt sie Kummer und Verderben. Ihre Herausforderung ist gefährlich. Der Mensch müßte sich nur von ihrer Anziehung befreien. Doch immer wieder sucht er die Prüfung unter ihren durchdringenden Augen.
Sie hat die Gestalt der strafenden und verurteilenden Mutter. Sie hat Angst vor Nähe, weil sie nur aus der Distanz heraus ihre Überlegenheit ausspielen kann – und sie hat Angst vor Liebe und rächt sich dafür am Leben.
Wer die Karte für sich selbst zieht, wird daran erinnert, daß er sich selbst zu wenig annimmt und zu hohe Ansprüche an sich stellt. Wird die Karte für jemand anderes aufgedeckt, bedeutet es, daß der Fragende mit diesem Menschen in einem inneren Kampf steht, den er kaum gewinnen kann.

Als Signifikator: Selten.

Die Aussage

Eine bestimmende, abweisende und kalte Frau
Die Fragende oder eine Frau in ihrem Leben, mit starken, negativen Kräften
Auch die versagende und verurteilende Mutter

Schwert-König

Er ist der König der Geister und aller formlosen Geschöpfe der Nacht. Sein Element ist Luft, und über seinem Haupt steht Pluto, der gewaltige Dunkle. Er ist der Herrscher der Gedanken und Vorstellungen, der Ideen und Phantasien. Er sieht die Welt nicht wie sie ist, sondern so, wie er sie sich vorstellt. Er erkennt nicht die Vielfalt des Lebens an, sondern nur sein eigenes Bild von der Welt. Deswegen wirkt er manchmal so rechthaberisch und stur, so hart und unnachgiebig. Niemand ist so schwierig wie der Schwertkönig. Bis zur Selbstzerstörung hält er an seiner Idee fest. Er hat das Vertrauen in die Existenz verloren und kann daher nicht mit dem Leben fließen. Er muß das Leben selbst in die Hand nehmen, es regeln und verwalten. Als Mann und Partner ist er kompliziert, eifersüchtig und mißtrauisch. Wenn er auftaucht, werden Beziehungen schwer und problematisch. Er ist der Schatten des Lebens, dem man immer wieder begegnen muß, um über das Leid hinauszuwachsen.

Als Signifikator: Höchstens für einen Gegner des Fragenden.

Die Aussage

Ein schwieriger und komplizierter Mann
Der Fragende selbst oder ein bedeutsamer Mann in seinem Leben
Auch der schreckliche und verurteilende Übervater
Der Schatten der Seele

Stern-Page

Er kommt aus dem Reich der Sterne, um in einer neuen irdischen Gestalt sein Karma zu erfüllen. Er liebt das Leben, aber tief in seinem Inneren spürt er die Sehnsucht, die über das Unmittelbare hinausgeht. Er sucht im Osten und in alten Schriften. Er studiert die Sterne und befragt den Geist des Tarot. Er erfährt immer nur das gleiche, daß er loslassen und immer wieder von neuem beginnen muß. Oft verliert er seinen Weg. In seiner Seele lebt der Adler, der nur auf den Wind wartet, um davongetragen zu werden, weit in die Unendlichkeit.

Als Signifikator: Selten, höchstens für einen sehr jungen Mann oder eine sehr junge Frau.

Die Aussage

Ein Mensch auf der Suche nach seiner Selbstverwirklichung
Der Fragende oder ein Mensch in seinem Leben
Auch ein Bote, ein Kind

Stern-Ritter

Er greift nach dem Licht der Sterne. Er ist wie Parzival, der den heiligen Gral sucht. Sein Ziel ist das Land der Morgensonne, und sein Pferd ist rein wie der frische Wind des Ostens.
Seine Suche nach Wahrheit treibt ihn durch die ganze Welt, läßt ihn nicht ruhen, bis er seinem Ziel näher kommt. Überall kann man ihn treffen, und nirgends hält es ihn. Alle Begegnungen sind nur Berührungen mit dem Raum, mit der Zeit. Er ist wie Siddharta oder wie Goldmund, die ihrer inneren Stimme folgen müssen, bis zu ihrer Erlösung.

Als Signifikator: Für Fragen nach dem richtigen Weg. Für Sannyasins.

Die Aussage

Ein suchender, mystischer Mann oder eine Frau
Der Fragende oder ein Mensch in seinem Leben
Auch der ergebene Schüler eines Meisters, der Sannyasin

Stern-Königin

Sie ist die Königin des Lichts, die alle Gestaltungen der Frau in sich trägt. Sie ist Mutter, Geliebte und Schwester. Sie kann sich binden, aber auch wieder lösen.
Sie erfüllt sich mit anderen Menschen und kann genauso gut mit sich alleine sein. Sie ist die Sannyasin unter den Frauen, die Ma, die ihre Gestaltung als Frau annimmt und sich trotzdem nicht verliert. Sie sucht das Leben, aber auch die Erlösung, die Vollendung über das Leben hinaus.
Ihre Nähe ist wohltuend, und die feinen Schwingungen ihrer Seele geben Ruhe und Frieden. Sie ist die weiseste und erhabenste Schwester unter den Königinnen, die „Hohepriesterin" unter den Frauen.

Als Signifikator: Für alle Fragen, die über das unmittelbare Leben hinausgehen, Meditation, Spiritualität, Nähe zu Bhagwan.

Die Aussage

Eine feine, innerlich klare und lebenserfahrene Frau, mystisch und voller Geheimnisse
Die Fragende selbst oder ein Mensch im Leben der Fragenden

Stern-König

Stern-König

Er ist der König des Lichts und der Unendlichkeit. Sein Element ist die Erde, aber im Zeichen des unendlichen Fünfsterns wächst der Mensch über seine bloße irdische und subjektive Gestalt hinaus. Seine Planeten sind Saturn, der Hüter der Wirklichkeit, und die transsaturnischen Gestirne Uranus, der Verwandler, und Neptun, der Erlöser.
Der Sternkönig kennt das Leben und die Menschen. Er ist klug und weise. Er nimmt nichts zu wichtig, am allerwenigsten sich selbst. Er sieht hinter die Oberfläche, sucht die Tiefe und Unvergänglichkeit. Seine Nähe ist wohltuend und beruhigend, und sein wacher Geist gibt der Welt Leben und Glanz. Er liebt die Gegenwart anderer Menschen, aber genauso sucht er immer wieder die Einsamkeit. Er ist der Meister unter den Königen und die höchste Gestaltung unter den Hofkarten des Tarot.

Als Signifikator: Für alle Fragen, bei denen es um den Sinn und die Erfüllung des Lebens geht.

Die Aussage

Ein verständnisvoller, gütiger und weiser Mann
Der Fragende selbst oder ein Mensch im Leben des Fragenden
Auch der verständnisvolle, gütige „Übervater"
Eine Personifizierung des Lichts
Bhagwan als „Mensch"

Legetechniken und Beispiele

Allgemeine Vorbereitung

Tarotlegen ist eine Meditation. Ich meine damit nicht, daß du still und abgeklärt sein mußt, sondern daß du den Karten besondere Aufmerksamkeit schenkst. Du brauchst den richtigen Ort für das Kartenlegen. Ich habe in meinem Zimmer einen Platz, wo ich all meine geheimnisvollen Dinge aufbewahre: ein Bild von meinem Meister, meine Kristallkugel, Ketten und Amulette, Zeichen und Symbole. Dort lege ich die Karten.
Die beste Zeit für das Tarot ist abends oder nachts. Zünde Kerzen und Räucherstäbchen an, breite ein Tarottuch aus, setze dich davor und beginne dich zu sammeln, dich einzustimmen auf das Spiel. Halte die Karten in deinen Händen, durchdringe sie mit deiner Energie und achte auf deinen Atem. Legst du Tarot für einen anderen Menschen, setze dich ihm gegenüber. Gib ihm das Spiel und bitte ihn, die Karten gut zu mischen. Dann breite sie mit der Bildseite nach unten in einem Halbkreis vor ihm aus. Er soll sich jetzt ganz auf seine Frage konzentrieren und mit der linken Hand die Karten auswählen.

Die Tageskarte

Die einfachste Art, mit den Karten vertrauter zu werden, ist das Spiel mit der Tageskarte. Ziehe morgens, gleich nach dem Aufstehen eine Karte.
Verwende anfangs nur die 22 Trümpfe und erst später das ganze Spiel. Die aufgedeckte Karte ist eine Art Leitmotiv. Die Ereignisse des Tages, der Gang der Dinge, werden im Lichte dieser Karte betrachtet. Du entdeckst, wie der Geist des Tarot den Tag mitbestimmt: Du ziehst den Turm der Zerstörung (Karte XVI) und erfährst, wie der Tag auf seltsame Weise mißlingt. Du deckst die Sonne auf (Karte IXX) und der ganze Tag wird heiter und schön.

Ein Tarot-Zauberspruch

Dieses alte Legemodell stammt von den Zigeunern und vom Jahrmarkt. Es hört sich an wie ein kleines Beschwörungslied für den Geist des Tarot. Man zieht sieben Karten mit folgender Anweisung:

1. Karte: *„Mein Ich"*. **2. Karte:** *„Was mich deckt"*. **3. Karte:** *„Was mich schreckt"*. **4. Karte:** *„Was mich treibt"*. **5. Karte:** *„Was mir bleibt"*. **6. Karte:** *„Was mir die Zukunft bringt"*. **7. Karte:** *„Was mich zu Boden zwingt"*.

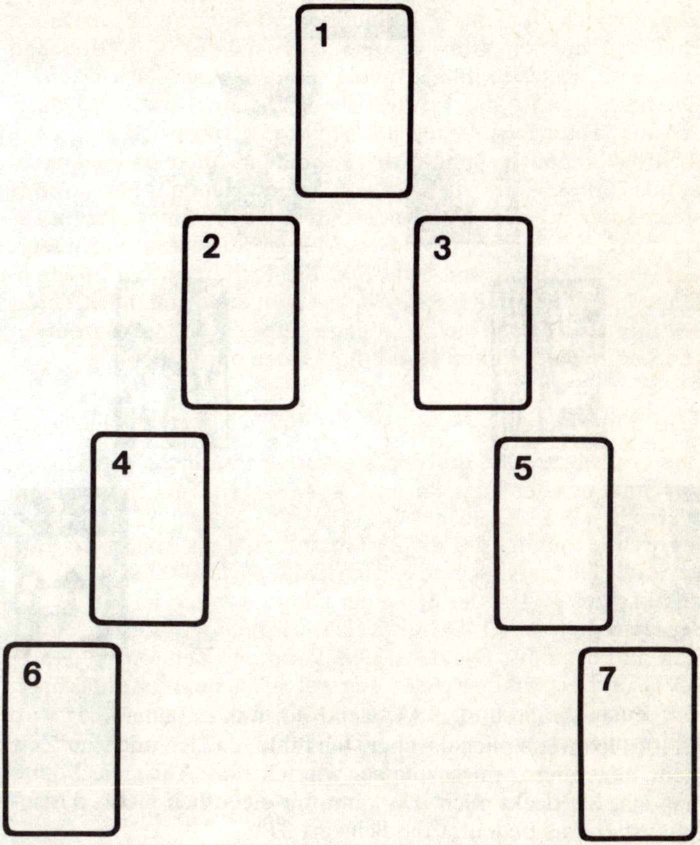

Beispiel:

Ein 40-jähriger Mann bittet mich in einer Selbsterfahrungsgruppe, ihm die Karten zu legen. Er hat keine bestimmte Frage, er will „gerade mal so wissen“, was die Karten ihm sagen. Er mischt die Karten, und ich lege sie vor ihm aus. Er zieht folgende sieben Karten:

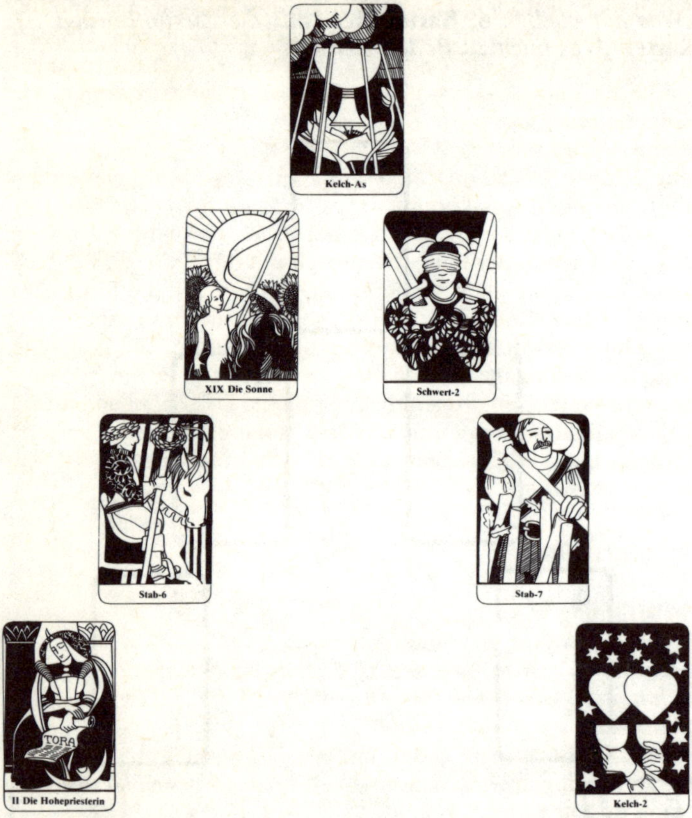

N.: „Oben ist das Kelch-As, weißt du, was es bedeutet?“
F.: „Ja, ich freue mich darüber. Ich fühle, daß ich mich zur Zeit mehr akzeptiere, mich zulasse, wie ich bin. Auch die Sonne mag ich. Sie deckt mich. Da kann mir eigentlich nichts passieren. Aber was bedeutet die Schwert-2?“

N.: „Die Sonne schützt dich. Du lebst unbeschwert und sorglos, frei wie ein Kind der Sonne. Aber diese Unabhängigkeit macht dir auch Angst, weil du nicht weißt, wie du dich entscheiden sollst (Schwert-2). Was dich treibt, ist die Suche nach Glück, Abenteuer und Erfolg (Stab-6), und was dir bleibt, sind Angriffe und Neid (Stab-7). Das kostet Kraft, auch wenn du der Herausforderung gewachsen bist. Diese Karte (Kelch-2) zwingt dich zu Boden. Das heißt, daß eine Begegnung, eine Beziehung, eine Frau, dich in die Knie zwingen will oder wird. Es sieht so aus, als wolltest du mehr Freiheit, als dir andere zu geben bereit sind. Aber du bist auch selbst nicht ganz sicher, wie du leben möchtest."

Meine Vermutung wird von ihm bestätigt. Nach einer fünfzehnjährigen Beziehung möchte er jetzt frei und ungebunden leben, nehmen, was kommt.

F.: „Aber dann begegne ich einer Frau, verliebe mich und schon sitze ich in der Falle. Bleibe ich mit der Frau, verliere ich meine Unabhängigkeit, anderenfalls verliere ich die Frau. Am liebsten hätte ich beides, aber da spielt keine Frau mit."

N.: „Die Zukunft bringt dir die Hohepriesterin, die magische Frau. Sie bleibt ganz bei sich, spürt nur ihre eigene innere Stimme, und sie lebt im Augenblick. Freiheit, Unabhängigkeit und Abhängigkeit sind doch nur Worte, solange sie nicht gespürt werden. Die Hohepriesterin bleibt sich treu, und das ist das einzige, was zählt."

Kurzdarstellung:

Vorbereitung wie zuvor.

Sieben Karten mit der inneren Frage:

„Mein Ich", „Was mich deckt", „Was mich schreckt", „Was mich treibt", „Was mir bleibt", „Was mir die Zukunft bringt", „Was mich zu Boden zwingt".

Alter „Zauberspruch". Bei unklarer Fragestellung und für „kurze Sitzungen zwischendurch". Für das Tarotspiel auf der Straße und in Cafés.

Das Keltische Kreuz

Dieses Modell ist alt und wird in den meisten Tarotbüchern beschrieben. Bevor die Karten gemischt und ausgelegt werden, muß ein *Signifikator* bestimmt werden. Es ist eine Karte, die den Fragenden darstellt oder einen eindeutigen Bezug zu seiner Frage hat. Ist der Fragende ein Mann, wählt man eine Königskarte. Für eine Frau nimmt man eine Königin. Für Angelegenheiten des Gefühls bestimmt man eine Kelchkarte. Wenn es um Geld geht, aber auch bei Fragen nach dem weiteren Schicksal, nimmt man eine Sternkarte, und wenn die Gesundheit zur Frage steht, wird eine Stabkarte zum Signifikator. Bei Angelegenheiten schwerer oder unangenehmer Art bringt man eine Schwertkarte ins Spiel. Man kann den Signifikator auch ausschließlich nach der Art des Sachverhalts bestimmen: Handelt es sich um eine Rechtsangelegenheit, wählt man die Karte der Gerechtigkeit, geht es um Liebe, die Karte der Liebenden. Der Signifikator kommt aufgedeckt in die Mitte. Die anderen Karten werden gemischt und verdeckt ausgelegt. Der Fragende wählt zehn Karten mit den folgenden Anweisungen:

Die **erste Karte,** die du auswählst, umhüllt dich. Diese Karte stellt die Einflüsse dar, die auf dich wirken. Auch die Atmosphäre oder das Klima. Bedecke mit dieser Karte den Signifikator.

Die **zweite Karte** kreuzt dich. Sie verweist auf Hindernisse. Ist es eine günstige Karte, wird ihr hemmender Einfluß geringer sein als bei einer ungünstigen. Lege sie kreuzweise über die erste Karte.

Die **dritte Karte** krönt und vollendet dich. Sie gibt ein Bild davon, was du dir bestenfalls erhoffen kannst.

Die **vierte Karte** steht unter dir. Sie zeigt das Fundament der Angelegenheit. Das, worauf du dich verlassen kannst.

Die **fünfte Karte** verweist auf die Vergangenheit. Das, was bereits geschehen ist. Das, was hinter dir liegt.

Die **sechste Karte** zeigt in die Zukunft. Was vor dir liegt, was in naher Zukunft wirkt.

Die **siebte Karte** zeigt dich, wie dich das Orakel des Tarot im Zusammenhang mit der Frage sieht.

Die **achte Karte** zeigt dein Heim und deine Umgebung.

Die **neunte Karte** verweist auf deine Hoffnungen und Ängste in bezug auf deine Frage.

Die **zehnte Karte** zeigt das letztendliche Ergebnis, die Finalität, das, was durch die Karten hervorgebracht wird.

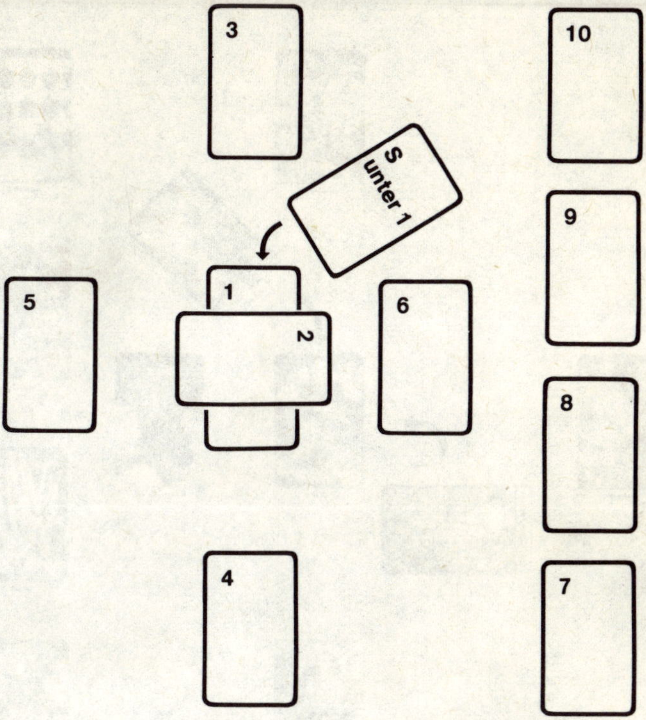

S bedeutet Signifikatorkarte. Die Ziffern geben die Reihenfolge der Karten wieder.

Beispiel:

Ein 35-jähriger Mann sucht mich auf, um die Karten zu fragen. Er ist seit sieben Jahren Psychologe in einer Klinik für Alkoholkranke. Die Arbeit erfüllt ihn, aber sie zehrt auch an ihm. In letzter Zeit trägt er sich häufig mit dem Gedanken zu kündigen, etwas Neues zu unternehmen. Als Signifikator wähle ich den Stabkönig. Er steht für Kraft und neue Unternehmungen. Ich erkläre ihm die Karte. Er ist einverstanden.

N.: „Bei deiner Arbeit geht es um Mitgefühl (Stern-5). Das kann heißen, daß du Trost gibst, aber auch, daß du selber Hilfe suchst."

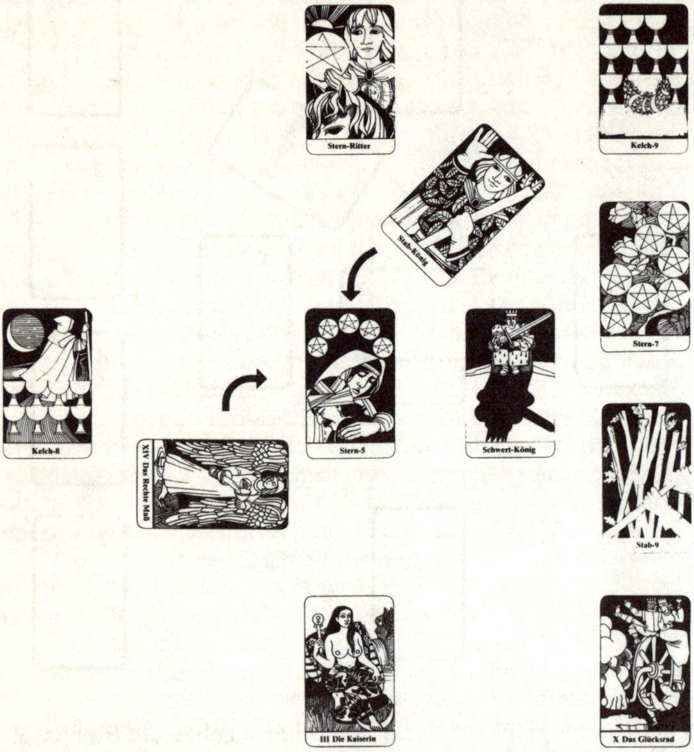

F.: „Beides. Ich gebe viel, aber manchmal fühle ich mich ausgebrannt, völlig leer."
N.: „Was dich kreuzt, ist diese Karte. Sie heißt ‚Das Rechte Maß'. Ihre Bedeutung ist schön, ich mag sie gerne. Dieser Engel könnte dir sagen: Bleibe in der Mitte, verliere deine Balance nicht."
F.: „Genau das sage ich mir auch. Aber die Karte steht doch gegen mich. Heißt das, daß ich zuviel abwäge, daß ich zu vorsichtig bin?"

N.: „Ja und nein. Du kannst gar nicht anders. Wenn diese Karte gegen dich ist, dann hält sie dich im Zaum. Da kann man nicht einfach eine siebenjährige Arbeit hinwerfen. Da muß alles doppelt und dreifach abgewogen werden. Die Ursache dafür liegt hier, in der Gestalt des Schwert-Königs. Der steht vor dir, in deiner Zukunft. Ihn mußt du überwinden, wenn du dich befreien willst. Er ist so etwas wie dein innerer Übervater, der dir ständig vorhält, was du falsch machst und noch besser überlegen sollst, damit du ja keine Dummheiten machst. Er ist die personifizierte Kontrolle. Was ich noch sehe, ist dies: In deinem Herzen hast du dich längst entschieden, deine Arbeit zu verlassen (Kelch-8 in der Vergangenheit), weil dich das ewige Leid aushöhlt (Stern-5 auf Signifikatorkarte). Deine Vorstellung, sozusagen dein Idealbild, ist der Sternritter. Du möchtest frei sein, ungebunden und offen für das Leben. Der Boden, auf dem du stehst, ist fest. Du kannst ihm vertrauen. Das ist ein schönes Bild. Du stehst fest auf der Erde (Kaiserin) und siehst in den Himmel (Sternritter). Jetzt diese Karten: Unten ist das Glücksrad, „Karma“, das Schicksal. So sieht dich der Geist des Tarot. Das ist bedeutsam. Du mußt durch diesen Prozeß der Veränderung, der Erneuerung. Nicht du bist es, der sich entscheidet, das Leben hat sich entschieden. Du kannst dich höchstens gegen den Schwung des Rades stemmen. Und schau, das tust du auch. Du stehst alleine auf verlorenem Posten, klammerst dich an das, was dir noch bleibt (Stab-9)“.

F.: „Ja, das ist es. Ich habe Angst, das bißchen Sicherheit zu verlieren. Unglaublich, was die Karten sagen. Dieser König mit dem Schwert bin ich oft selbst, in meiner Arbeit, wenn ich unseren Patienten ihre Trägheit und Bequemlichkeit vorhalte, und so bin ich auch zu mir.“

N.: „Schau, deine Hoffnungen. Deine Arbeit trägt Früchte (Stern-7). Aber ist es nicht auch die Hoffnung, selbst weiterzuwachsen? Das Ergebnis, das was herauskommt, kann sich sehen lassen. Du hast acht Kelche verlassen und neun neue gefunden. Ich meine, daß du deinem Schwertkönig getrost weniger Aufmerksamkeit schenken kannst.“

Nach drei Monaten treffen wir uns wieder. Glücklich erzählt er mir, daß er es halb geschafft hat. Gegen den Widerstand seines Chefs hat er durchgesetzt, nur noch halbtags zu arbeiten.

„Es ist schon viel besser, und ich sehe es als ersten Schritt.“ Ich stimme ihm zu. Seine Karten lassen Veränderungen nur schrittweise, maßvoll und unter Kontrolle zu. Die Kelch-9 ist tatsächlich nur eine Stufe zum großen Glück, zum Tanz der zehn Kelche unter dem bunten Regenbogen.

Kurzdarstellung:

Vorbereitung wie zuvor.
Bestimme Signifikatorkarte.
Zehn Karten mit der Anweisung: 1. *Was mich umhüllt.* 2. *Was mich kreuzt.* 3. *Was mich krönt.* 4. *Was mich trägt.* 5. *Was hinter mir liegt.* 6. *Was vor mir liegt.* 7. *Wie mich das Orakel sieht.* 8. *Mein Heim.* 9. *Meine Hoffnungen und Ängste.* 10. *Was hervorgebracht wird.*
Altes und sehr verbreitetes Modell.
Für alle Angelegenheiten.

Das Kreuz

Diese Legetechnik braucht vier Karten. Die innere Fragestellung lautet:

1. Karte: *„Was ich bin."*
2. Karte: *„Was mich herausfordert, mich anzieht."*
3. Karte.: *„Wie ich (Karte 1) auf die Herausforderung (Karte 2) reagiere."*
4. Karte: *„Was mich befreit und erlöst."*

Wer sich erinnert, erkennt, daß die vier Fragen den vier Elementen der kleinen Arkana zugeordnet sind:
Stab-Karten: *„Ich bin, was ich bin."* Frage 1
Kelch-Karten: *„Ich bin, wie ich reagiere"*. Frage 3
Schwert-Karten: *„Ich bin, was mich herausfordert"*. Frage 2
Stern-Karten: *„Ich bin, was mich erlöst."* Frage 4
Die vier Karten werden im Kreuz ausgelegt:

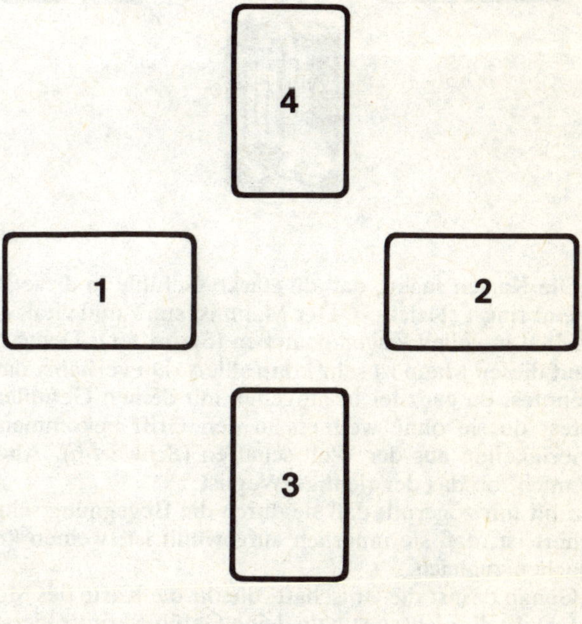

Beispiel:

Eine 26-jährige Sannyasin (Ma S.) ist einem Mann begegnet und möchte mehr über die Beziehung und ihre Gefühle erfahren.
Sie legt das Kreuz.

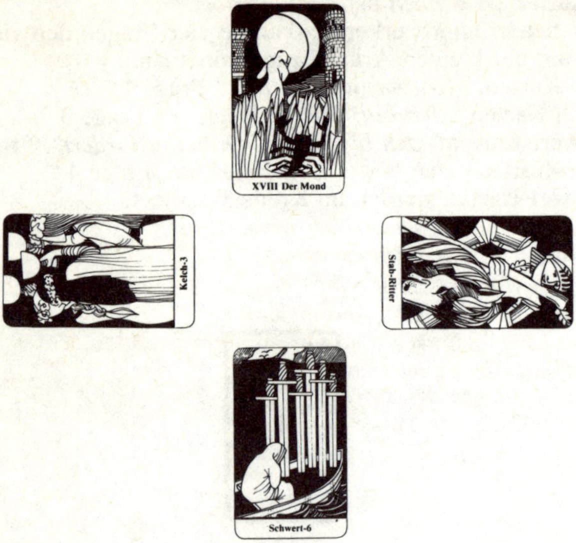

N.: „Die Karten sagen, daß du starke Gefühle in diese Beziehung einbringst (Kelch-3). Der Mann ist stark und vital, er will das Leben in vollen Zügen genießen (Stabritter). Deine Reaktion auf diesen Mann ist sehr kontrolliert. Du verhältst dich so, als könntest du ganz leicht umgehen mit deinen Gefühlen, als könntest du sie ohne weiteres in den Griff bekommen, die Schwierigkeiten aus der Welt schaffen (Schwert-6). Aber ich frage mich, ob das der richtige Weg ist."
S. erzählt mir zögernd, daß sie durch die Begegnung sehr verunsichert ist, daß sie innerlich aufgewühlt ist, weinen könnte und lachen zugleich.
N.: „Genau das ist die Botschaft, die dir die Karte des Mondes gibt. Es hilft dir nicht, wenn du deine Gefühle kontrollierst. Le-

be deine Zweifel, deine Unsicherheit, die Ahnungen deiner Seele. Dann kann etwas Neues geschehen."

S.: „Und was ist das?"

Ich bitte sie noch eine Karte für diese Frage zu ziehen. Sie erhält die Trumpfkarte VII, den Triumphwagen.

N.: „Das ist wundervoll. Siehst du,
aus dem Zweifel wächst Sicherheit und Stärke.
Du hältst die Zügel in der Hand
und bestimmst deinen Weg."

Kurzdarstellung:

Vorbereitung wie zuvor.
Vier Karten.
Innere Fragestellung:
„Was ich bin", „Was mich herausfordert", „Wie ich darauf reagiere," „Was mich erlöst".
Die vier Karten werden im Kreuz ausgelegt: links, rechts, unten, oben, aufgedeckt und gedeutet.
Diese Legetechnik kann man immer anwenden. Günstiger ist es, wenn die Fragestellung wenigstens annähernd formuliert wird.

Der Kreis

Beim Kreis werden zwölf Karten gelegt. Dieses Modell orientiert sich an der Astrologie. Die zwölf Häuser des Tierkreiszeichens werden durch zwölf Karten dargestellt. Wer sich etwas mit Astrologie auskennt, hat hier ein Schema, das einen umfassenden Einblick in eine Person oder Sache ermöglicht. Die einzelnen Karten werden jeweils mit der entsprechenden inneren Frage gezogen und zum Schluß aufgedeckt.

1. Karte: *„Wer bin ich?"*
Persönliche Eigenschaften, Charakter
2. Karte: *„Wie fest stehe ich?"*
Besitz, Raum

3. Karte: *„Wie leicht kann ich mich bewegen?"*
Raumerfassung, soziale Beziehung, Kommunikation

4. Karte: *„Wie empfinde ich?"*
Gefühlsleben, Beziehung zur Mutter, zum Weiblichen

5. Karte: *„Wie drücke ich mich aus?"*
Ausdrucksfähigkeit, Beziehung zum Vater, zum Männlichen

6. Karte: *„Wie passe ich mich an?"*
Aussteuerung gegenüber der Umwelt

7. Karte: *„Wie begegne ich anderen?"*
Beziehung, Gemeinschaft

8. Karte: *„Wovon lasse ich mich leiten?"*
Leitbilder, Ideen

9. Karte: *„Wie verstehe ich?"*
Weltauffassung, Weltverständnis, Sinngebung

10. Karte: *„Was bringe ich hervor?"*
Arbeit, Beruf

11. Karte: *„Was befreit mich?"*
Lebensbewältigung, Hilfen und Freunde

12. Karte: *„Was erlöst mich?„*
Das Religiöse, Transzendentale

Man kann das Geburtshoroskop eines Menschen mit seinem Tarothoroskop vergleichen und ergänzen. Ein Beispiel würde hier zu weit führen, da es astrologisches Wissen voraussetzt. Den großen Kreis lege ich auch gerne in der Silvesternacht. Dann wird jede Karte einem Monat des künftigen Jahres zugeordnet.

Kurzdarstellung:

Vorbereitung wie zuvor.
Zwölf Karten mit Bezug auf die astrologischen Häuser.
Bei komplexer Fragestellung. Ermöglicht tiefen Einblick in eine Person oder Sache. Vergleich mit Geburtshoroskop, „Jahreshoroskop".

Zigeuner-Tarot

Die Zigeuner gebrauchen meistens ein ganz normales Spielkartenpaket. Es besteht aus 32 Karten und vier Symbolen oder Farben.

Bezeichnung	Symbol, Farbe	Tarotsymbol
Pik	grünes oder schwarzes Blatt	Stabkarten
Herz	rotes Herz	Kelchkarten
Kreuz oder Eichel	schwarzes Kreuz	Schwertkarten
Karo oder Schell	schwarzes oder rotes Karo	Sternkarten
Von jeder Farbe gibt es 8 Karten: 7, 8, 9, 10, Bube, Dame, König, As.		

Bevor der Zigeuner die Karten mischt und auslegt, bestimmt er einen *Signifikator,* eine Karte, die den Fragenden darstellt. Handelt es sich um einen verheirateten Mann, wählt man den Herz-König, für eine verheiratete Frau die Herz-Königin. „Nur" verliebte Leute werden durch den Herz-Buben dargestellt. Geht es um Geld, ist es eine Karo-Karte (Bube, Dame, König). Wird nach der Gesundheit gefragt, nimmt man eine Pik-Karte und bei Angelegenheiten schwerer oder unangenehmer Art eine Kreuz-Karte.
Der Signifikator wird dem Fragenden gezeigt und wieder unter die Karten gelegt.
Jetzt mischt der Fragende die Karten gründlich und lange. Dann hebt er dreimal ab, wobei der Kartenstapel nach jedem Abheben wieder vervollständigt wird.
Bei dieser Methode werden alle 32 Karten verwendet. Es ist also nicht notwendig, die Karten auszubreiten und einzeln auszuwählen.
Nach dem Abheben legt man sie in vier Achterreihen hintereinander aus. Man beginnt mit der 1. Karte des Stapels links oben und legt Reihe für Reihe bis die letzte Karte die vierte

Reihe rechts abschließt. Dann werden alle 32 Karten aufgedeckt. Man sucht den Signifikator und beginnt von ihm aus alle anderen Karten zu erfassen. Dabei spielen die Karten eine gewichtigere Rolle, die direkt um den Signifikator liegen. Je weiter eine Karte davon entfernt ist, umso geringer ist ihre Bedeutung.

Man kann auch die Dimension Vergangenheit – Gegenwart – Zukunft einfügen: Die Karten um den Signifikator stehen für die Gegenwart, links davon ist die Vergangenheit und rechts die Zukunft.

Angenommen, die zwanzigste Karte erscheint beim Aufdecken als Signifikator. Dann fallen die Karten 12, 19, 21, 28 bei der Interpretation am stärksten ins Gewicht. Dann die Karten 11, 13, 27, 29. Auch die Karten 4, 17, 18, 22, 23, 24 sind wichtig,

weil sie in einer Linie mit der Signifikator-Karte liegen. Die Karten 17, 18, 19 sagen etwas über die Vergangenheit aus und die Karten 21, 22, 23, 24 über die Zukunft.
Will man dieses Schema mit normalen Tarotkarten spielen, muß man aus den 78 Karten einen Signifikator bestimmen und dann alle Karten auslegen. Ich gehe so vor:
Ist der Signifikator bestimmt, lege ich ihn zur Seite und mische die restlichen 77 Karten. Dann schiebe ich den Signifikator in den Stapel zurück, aber in *verkehrter* Lage. Ich hebe dreimal ab und lege sieben Reihen mit jeweils elf Karten. Der Signifikator kommt unter die Karte, die ihn bedeckt. Diese Karte betrachte ich als den Schatten des Signifikators. Sie spielt bei der Interpretation eine besonders wichtige Rolle.
Diese Methode setzt viel Erfahrung voraus, da alle Karten in einer Gesamtschau überblickt werden müssen. Ich möchte daher eine „Kurzform“ dieses Modells beschreiben, die man nach Belieben variieren kann. Ich breite alle Karten *aufgedeckt,* mit dem Bild nach oben vor dem Fragenden aus und fordere ihn auf, so viele auszuwählen wie er will, aber mindestens zwölf. Es muß eine Zahl entstehen, die durch drei (oder mehr) teilbar ist. Dann bestimmen wir gemeinsam den Signifikator aus den ausgesuchten Karten. Die Frage dabei lautet: „*Mit welcher Karte würdest du dich am ehesten identifizieren*?“ Oder: „*Welche Karte entspricht deiner Frage*?“
Ist der Signifikator bestimmt, mischt der Fragende die ausgesuchten Karten (mit der Signifikatorkarte) und hebt sie wie oben beschrieben dreimal ab. Dann lege ich die Karten in drei Reihen (oder mehr) aus und decke sie auf. Bei der Interpretation gehe ich wie beim „Zigeunertarot“ vor: Die Karten, die unmittelbar an die Signifikatorkarte anschließen, haben eine stärkere Aussage als die, die weiter entfernt sind. Der Gewinn dieser Methode liegt darin, daß der Fragende zunächst selbst die Karten bestimmt, die für ihn wichtig sind. Bereits durch diese Auswahl offenbart er mir seine Seele.

Beispiel:

Auf einer Reise durch Amerika begegnete ich einer Mexikanerin. Als sie hörte, daß ich Tarotkarten bei mir hatte, bat sie mich, ihr die Karten zu legen. „Ich war bei einer Handleserin, die mir sagte, daß ich bald einen Arzt aufsuchen müßte. Mehr wollte sie mir nicht sagen. Ich hatte ihre Worte schon völlig vergessen, als ich drei Monate später starke Schmerzen und Schwellungen im Unterleib bekam. Ich ging zum Arzt. Er untersuchte mich und machte einen Test. Jetzt habe ich Angst vor dem Ergebnis. Wenn es Krebs ist, will ich es nie erfahren. Ich habe den Arzt nicht mehr angerufen."

„Aber jetzt traust du dich, die Karten zu fragen?"

„Ja, aber ich habe große Angst."

Ich mußte ein Modell aussuchen, das der Frau ihre Angst nahm. Ich sprach mit ihr über die Karten und über die Symbole. Dann bat ich sie, aus den aufgedeckten Karten zwölf auszuwählen. Ohne zu zögern, nahm sie den Tod (Karte XIII).

„Die anderen Karten kenne ich nicht, ich verstehe sie auch nicht." Wir wählten die restlichen Karten gemeinsam aus, indem ich ihr diese Karten erklärte.

„Es ist wichtig, was der Arzt sagt. Nehmen wir für ihn den Kelchkönig. Du hast den Tod ausgesucht, daher schlage ich dir noch die Karte der Auferstehung vor. Du weißt nicht, ob du den Arzt aufsuchen sollst oder ob es besser ist, sich um nichts zu kümmern. Für das eine soll der Herrscher (Karte IV) stehen, für das andere der Narr (Karte 0). Für die Schmerzen, die dir der Arzt zufügen kann, nehmen wir die Schwert-10. Für den Trost die Kelch-10 und das Stab-As."

Gemeinsam wählten wir noch folgende Karten aus: Die Stärke (Karte VIII) als Ausdruck für ein natürliches Verhältnis zum Körper. Die Kaiserin (Karte III) als Zeichen für Vertrauen und Sicherheit. Die Sonne (Karte XIX) als Symbol der unbeschwerten Lebensfreude und die Kelch-6.

Ich bat sie, diese zwölf Karten zu mischen und dreimal abzuheben. Ich legte die Karten in drei Reihen aus.

„Der Tod, die Karte, die du ausgewählt hast, nimmt eine zentrale Stellung ein. Über ihm ist der Kelchkönig, die Karte für den Arzt. Er ist sehr wichtig für dich. Du meidest ihn, weil du glaubst, daß er über dein Leben entscheiden kann und damit auch über deinen Tod. Aber schau, der Schmerz (Schwert-10) gehört der Vergangenheit an (Schwert-10 ist links vom Tod und links vom Kelchkönig). Vor dir, in deiner Zukunft, ist der Herrscher. Wenn du dich nach seinen Anweisungen richtest, das heißt zum Arzt gehst, wirst du aufatmen können (Auferstehung über dem Herrscher und rechts vom Tod und vom Kelchkönig). Darunter ist die Kaiserin. Sie sagt dir, daß du Vertrauen haben kannst. Auch die anderen Karten verheißen dir Gutes: Die Stärke unter dem Tod und das Stab-As in deiner weiteren Zukunft.

„Ich meine, die Karten sprechen ganz eindeutig: Rufe deinen Arzt an. Wenn die Karten die Wahrheit sagen, wendet sich alles zum besten."
Zwei Monate später erhielt ich einen Brief von ihr. Sie hatte den Arzt aufgesucht, und der Verdacht auf Krebs hatte sich nicht bestätigt. Sie fühlte sich gesund und schloß ihren Brief mit den Worten: „Ich fühle mich seitdem wie neugeboren."

Kurzdarstellung:

Aus den 78 *aufgedeckten* Karten werden 12 ausgesucht
Eine Karte ist Signifikator
Karten werden gemischt, dreimal abgehoben und in drei Reihen ausgelegt und aufgedeckt
Interpretation wie beim Zigeunertarot
Für Menschen, bei denen die Karten Angst auslösen

Bewußt – Unbewußt – Kosmisch

Auch bei dieser Spielart des Tarot werden zunächst Karten ausgewählt. Ich lege dieses Modell gerne für mich selbst und variiere es, wie es mir gerade in den Sinn kommt.
1. Schritt – bewußte Ebene: Wähle aus den aufgedeckten 78 Karten drei (oder mehr) aus. Die Frage dabei lautet: *„Was glaubst du, welche Karten deine Wünsche am ehesten widerspiegeln?“* Lege diese drei Karten nebeneinander.
2. Schritt – unbewußte Ebene: Wähle drei Karten mit geschlossenen Augen aus und lege sie darunter. Fragestellung: *„Was sagt dein Unbewußtes dazu?“*
3. Schritt – kosmische Ebene: Mische die restlichen Karten, hebe dreimal ab und lege die ersten drei unter die anderen sechs. Fragestellung: *„Wie entscheidet der Kosmos?“*
So erhält man drei Ebenen, die man miteinander vergleichen kann.

„Was *Ich* will“

„Was *Es* will“

„Was der *Kosmos* will“

Beispiel:

Als ich mich im Herbst 1981 entschlossen hatte, ein Buch über Tarot zu schreiben, legte ich diese neun Karten: „Die ersten drei Karten habe ich bewußt ausgewählt. Das Stern-As steht für meinen Wunsch nach Klarheit. Die Welt, meine Lieblingskarte, steht für Übersicht, Aufgeschlossenheit und Unabhängigkeit. Das Kelch-As steht für meine Hoffnung, daß das Spiel mit den Karten, so wie ich es verstehe, eine heilende, eine therapeutische Aufgabe erfüllt.
Mit geschlossenen Augen habe ich für das Buch als erste Karte den Magier gezogen. In meinem Unbewußten gestaltet sich eine neue Kraft. Der Wunsch und die Bereitschaft nach Wandlung und Veränderung. Die Bedeutung der Sternkönigin kann ich nur erahnen. Werden mir weise und wissende Frauen bei der Gestaltung dieses Buches zur Seite stehen? Ich bin gespannt. Über den Kelchkönig bin ich sehr glücklich. Er liegt unter dem Kelch-As. Mein ‚Ich' und mein ‚Es' wollen das gleiche, ihre Energien verstärken sich.
Auf der kosmischen Ebene liegt an erster Stelle die Karte der Hohenpriesterin. Sie ist unter dem Stern-As und dem Magier. Ich sehe eine wundervolle Ergänzung: Unter dem Zeichen des Lichts begegnen sich Magier und Hohepriesterin, die Karte I und II, Yang und Ying. Die Kelch-3 bedeutet Freude. Drei Frauen heben die Becher und trinken auf das Gelingen dieses Buches. Die Stern-9 schließlich, die letzte Karte, bedeutet großen Lohn für meine Arbeit. So möge es sein!"

Die Kunst des Tarotspielens

Die letzten Modelle sind immer weniger an ein starres System gebunden. Immer mehr werden feste Regeln durch freies Spiel ersetzt. Ich halte viel vom spontanen Umgang mit den Tarotkarten. Der Geist des Tarot kann sich dann in der Form des Spiels verwirklichen. Dem Tarotspieler, dem Tarotmeister, begegnet die Welt ständig neu. Er ist offen für die Schwingungen seiner Umgebung und gestaltet sein Leben nach den Eingebungen des Augenblicks. Er hört die Frage, die die Tarotkarten beantworten sollen, und in seinem Inneren öffnet sich ein Weg zur Lösung.
Ich werde im folgenden aus meiner Praxis Anregungen geben für dieses seherische Spiel mit den Karten. Wenn ich einem

Menschen die Karten lege, sitze ich selbst völlig entspannt, ich öffne mich ganz meinen Ahnungen, meinem geheimnisvollen Wissen, ich werde zur magischen Frau, zur Hohenpriesterin (Karte II).

1. Beispiel:

Eine 22-jährige Sannyasin (P) besucht mich. „Ich rotiere völlig, legst du mir die Karten?" Drei Stunden später sitzen wir in meinem Zimmer. Ich spüre ihre Unruhe, und ich tue zunächst nur Dinge, um sie zu beruhigen. Ich zünde Kerzen an, Räucherstäbchen, spiele sanfte Musik. Wir trinken eine Tasse Tee. Langsam beginnt sie, mir ihre Geschichte zu erzählen.
„Du weißt ja, ich lebe mit einem Paar zusammen. Ich habe mit dem Mann geschlafen. Jetzt weiß ich nicht mehr, wie es weitergehen soll. Die Frau weiß es nicht. Sie sagt, daß sie mich mag, und ich bin ihr gegenüber wie gelähmt. Ich werde verrückt. Was kann ich tun?"
Wir reden noch lange, während ich dabei ständig die Karten mit leichter Hand mische. So werden sie immer selbstverständlicher und natürlicher in unserer Begegnung. Irgendwann breite ich das Tarot vor ihr aus.
N.: „Ziehe drei Karten, die erste für dich, die zweite für sie, die dritte für ihn."
Wir decken die Karten auf:

P.

Frau

Mann

N.: „Kann es sein, daß der Mann gar nicht so interessiert ist an dir, daß er nur eine Nacht mit dir verbringen wollte, aber nicht mehr? Weißt du, er scheint mir eher ein Typ zu sein, der solche Nächte recht leichtherzig hinter sich bringt."

P.: „Ja, ich frage mich oft, ob das so ist."
N.: „Die Frau ist das Problem. Sie ist stark und du auch. Du fühlst dich von ihr herausgefordert. Du willst ihren Stab besitzen. Ziehe eine vierte Karte: Wie reagiert sie, wenn ich mich mit ihr anlege, den Kampf riskiere?"
Sie zieht die Stab-7.
N.: „Keine Chance, die magische Kraft ist auf ihrer Seite. Sie ist in dieser Position unbesiegbar. Ziehe eine fünfte Karte: Was kann ich sonst tun?"

Stab-7

Kelch-4

P. zieht die Kelch-4.
N.: „Du übersiehst etwas, du versäumst etwas, du fixierst dich vielleicht zu stark auf die Dreier-Situation." Ich erkläre P. die Bedeutung der Karte und bitte sie, eine sechste Karte zu ziehen: „Was ist in dem vierten Kelch?"
Sie zieht den Eremiten, Karte IX.
Ich erkläre ihr die Karte des Eremiten, der in die Einsamkeit geht und in sich selbst alles findet, was er sucht. P. ist sehr dankbar für diese Lösung.

P.: „Ich habe selbst gemerkt, wie ich mich verliere in diesem Dreierspiel. Ich brauche wieder Ruhe, ich brauche mich!"

IX Der Eremit

2. Beispiel:

A., eine Sannyasin, bat mich, ihr die Karten zu legen. Es ging um ihren weiteren Lebensweg. Sie hatte sich gerade entschlossen, das Ashram zu verlassen, in dem sie bisher lebte. Ein bedeutender Psychiater und Therapeut hatte sie gebeten, für ihn in Italien therapeutische Gruppen zu organisieren. Wir wählten die Sternkönigin als Signifikator. Wir wollten keine bestimmte Methode verwenden, sondern verließen uns ganz auf unsere Intuition.

Um einen Einstieg in das Spiel zu finden, bat ich sie, die Signifikatorkarte so in den bereits gemischten Kartenstapel zu schieben, daß sie mit der Bildseite auf irgendein anderes Bild zu liegen kam. Die Frage dabei war: „Was sagen die Karten zu der Veränderung?“ Die Sternkönigin lag zusammen mit der Stab-8.

Signifikator

N.: „Die Karten sagen einfach ‚Vorsicht‘, ‚Achtung‘. Weißt du, was das bedeuten kann?“

A.: „Nein, ich habe ein sehr gutes Gefühl bei meiner Entscheidung.“

N.: „Gut, dann ziehe drei Karten: Wo du herkommst (1). Wo du dich gerade befindest (2). Wo du hingehst (3).

A.: „Ja, das stimmt, ich habe mein Zuhause verlassen. Ich fühlte mich dort wie in einer großen Familie (Stern-10). Aber ich mußte es verlassen, ich spürte einen starken Drang, und auch die Tarotkarten rieten mir dazu.“

1

Stern-10

2

XXI Die Welt

3

Schwert-König

N.: „Vielleicht war es die Welt, die dich lockte, dein Wunsch nach Unabhängigkeit und Freiheit."
A.: Ja, aber was will der Schwertkönig in meiner Zukunft? Ich mag ihn nicht. Das kann nicht stimmen."
Temperamentvoll wirft sie die Karten einfach weg.
N.: „Aber du hast ihn gezogen."
A.: „Na ja, der Schwertkönig ist ja nicht nur schlecht, oder?"
N.: „Nein, das nicht. Weißt du, was ich glaube. Du bist wieder einmal auf der Suche nach einem Vater und läufst ins offene Schwert."

XIII Der Tod

A. ist getroffen. „Quatsch, das stimmt nicht. Ich will neue Karten, andere."
N.: „Ja, mich würde interessieren, warum du dein Zuhause verlassen hast."
Sie zieht den Tod, Trumpfkarte XIII für ihr altes Ashram.
Wir interpretieren diese Karte als Zeichen dafür, daß sie Altes aufgeben mußte, um sich für etwas Neues zu öffnen.
Zwei Wochen später geschieht folgendes: A. muß sich eingestehen, daß sie mit dem Therapeuten schlecht zusammenarbeiten kann. Seine ‚verkopfte' Energie und ihr italienisches Feuer prallen ständig aufeinander. Sie beschließen, sich zu trennen. Gleichzeitig wird völlig überraschend das Ashram aufgelöst, in dem sie zuvor gelebt und wofür sie die Karte des Todes gezogen hatte.

3. Beispiel:

Im vergangenen Winter wurde ich in einen Verkehrsunfall verwickelt. Der Sachverhalt schien völlig klar. Mein Unfallgegner fuhr zu schnell und prallte frontal auf mich. Der Sachschaden an meinem PKW war sehr hoch.
Mehr aus Freude am Spiel legte ich die Tarotkarten.

Schwert-5

Schwert-8

Für mich zog ich die Schwert-8, für meinen Unfallgegner die Schwert-5.
Das sah nicht gut aus. Schwert-8 bedeutet Schmach und Schande, Schwert-5 steht für einen üblen Streich. Ich war trotzdem vom positiven Ausgang der Sache überzeugt. Nach zwei Monaten erhielt ich einen jener berühmten Briefe: „In der Verkehrssache vom soundsovielten ergeht gegen Sie ein Bußgeldbescheid in Höhe von DM 80,–.“
Da hatte ich meine acht Schwerter!
Mein Unfallgegner ging straffrei aus, weil sein Beifahrer gegen mich ausgesagt hatte. Das ist eine der Gemeinheiten, die die Schwert-5 meint. Da diese Karte aber letztlich niemandem Glück bringt, war ich gespannt, wie es weitergehen würde. Ich zog zwei neue Karten: Was zu tun ist und was es mir bringt.

Was zu tun ist

Stern-3

Was es mir bringt

Stern-9

Das hieß für mich, in einem Satz zusammengefaßt:
Kleiner Fleiß – großer Preis!
Ich nahm einen Rechtsanwalt. Obwohl er sehr skeptisch war, erhoben wir Einspruch gegen den Gerichtsbescheid. Er wollte einen Vorschuß von 200,– DM, ich gab ihm 300,–, weil ich an die drei Sterne dachte. Es kam zur Verhandlung, und wir erreichten, daß das Verfahren eingestellt wurde. Jetzt hatten wir eine gute Ausgangsbasis für einen Vergleich mit der Versicherung. Der an mich ausbezahlte Betrag überschritt sogar die realen Reparaturkosten. Das war der Preis – die Stern-9.

4. Beispiel:

Ich soll einer Bekannten die Karten legen. Sie fühlt in ihrer linken Seite eine andere Energie als in ihrer rechten. Sie ist eine magische Frau. Ihr Leben richtet sie nach dem Lauf des Mondes und nach den Tarotkarten. Ich kenne sie schon lange, wir haben schon oft die Karten zusammen gelegt. Wir entschließen uns für eine Tarot-Chakrameditation. Es müssen Räucherstäbchen angezündet werden und drei Kerzen. Für jedes Chakra eine. Sie mischt die Karten, hebt ab, mischt wieder, hebt ab, mischt noch einmal und hebt zum dritten Mal ab. Sie hält die Karten an ihre Stirne und verneigt sich vor dem Bild einer uralten Indianerfrau. Sie legt sich auf den Boden. Ich stelle die Kerzen auf: neben ihr Bauchchakra, ihr Herz und ihren Kopf. Ich setze mich auf die andere Seite. „Ich will zwei Karten für den Bauch, für das Herz und für den Kopf. Die erste Karte ist für meine linke, die zweite für meine rechte Seite." Ich lege die Karten auf ihren Körper, so wie sie es will.

Kopf

Herz

Bauch

„Ich habe es gespürt. Der Teufel sitzt in meinem linken Herzen. In meiner Brust ist ein Zerren und Ziehen. Ich halte fest, ich will nicht loslassen, ich verbrenne." Ich frage sie, was sie nicht loslassen will. „Ich weiß es, aber ich will die Karten fragen. Laß mich eine neue Karte ziehen". Sie greift in den Kartenstoß und zieht die Schwert-3. „Liebeskummer", sage ich. „Nein, Eifersucht", sagt sie. „Mein Gott, dieses Tarot sagt immer nur, was ich sowieso schon weiß. Gib mir noch eine Karte." Sie zieht die Schwert-10. „Finish", sage ich. „Nein, neuer Anfang", sagt sie. „Ich habe es geahnt, dieses Mal ist wirklich Schluß, Mist, verdammter." Sie schimpft, tobt, schlägt auf den Boden, schreit und heult. Ich versuche nicht, sie zu trösten, warte bis sie sich beruhigt hat. Sie will eine neue Karte und fragt: „Was soll ich tun?" Sie zieht die Stab-3. „Verstehe ich nicht, gib mir eine andere." Jetzt erhält sie den Hohenpriester. Ich muß lachen, weil ich weiß, daß sie seit Jahren mit Bhagwan kämpft, ob sie Sannyas nehmen soll oder nicht. „Nein", schreit sie, „den will ich auch nicht. Aller guten Dinge sind drei." Sie zieht die Hohepriesterin. „Gut, wie immer, nach innen, Scheißspiel". Wir lachen.
Ich habe dieses Beispiel ausgewählt, weil es einen sehr spontanen Umgang mit den Karten zeigt. Das Tarot wird zum lebendigen Spiel.
Wenn du die Karten legst, begegnest du deiner Seele. Du sprichst mit ihr, fragst sie, sie antwortet, du verstehst sie nicht, du fragst nach, bis du klar siehst, bis du einverstanden bist – oder auch nicht. Manchmal ist auch der Geist des Tarot ratlos. Dann zeigt er dir Karten, mit denen du nichts anzufangen weißt. Manchmal muß man auch die Karten weglegen, weil sie nichts mehr zu sagen haben.

Tarot in der Gruppe

Selbsterfahrung mit Tarotkarten

Ich beginne eine Gruppe oft mit einem Tarotspiel. Ich lege die Karten verdeckt in einem großen Kreis aus und bitte jeden aus der Gruppe, eine Karte zu ziehen. Dabei lautet die innere Frage: „Welche Karte spiegelt am deutlichsten meine momentane Situation“. Zunächst beschäftigt sich jeder für sich mit seinem Tarotbild, versucht zu enträtseln, was es ihm mitteilen will. Dann stellen sich die Teilnehmer anhand ihrer Karte vor. Es ist faszinierend, wie sich Menschen, auch wenn sie noch nie ein Tarotspiel gesehen haben, sich in ihren Karten wiederfinden. Oft geht diese Selbstdarstellung unmittelbar in einen therapeutischen Prozeß über. Eine Frau, die die Schwert-9 gezogen hat, sagt: „Ich wollte eigentlich nicht darüber reden, aber durch die Karte ist es mir jetzt möglich. Ich habe oft furchtbare Angst, wenn ich nachts aufwache. Es ist genau wie auf der Karte.“ Ein Mann, der den Narr erhalten hat, sagt: „Anfangs habe ich mich geärgert über die Karte. Ich und ein Narr. – Aber dann habe ich begriffen, warum gerade ich diese Karte erhalten habe. Ich nehme alles sehr ernst. Meine Arbeit, meine Probleme, mein ganzes Leben.“ Eine ältere Frau: „Ich habe diese Karte bekommen (sie zeigt das Stab-As). Nirmal erklärte mir die Karte. Er sprach von Vitalität und Kraft, aber wenn ich meinen alten Körper sehe, dann wird mir schlecht.“
„Woran merkst du, daß du alt wirst?“ frage ich sie.
„Ich brauche nur in den Spiegel zu sehen.“ „Und was siehst du dann?“ „Ja alles, meine Falten, meine schlaffe Haut.“ „Ja, das *siehst* du und dann *weißt* du, daß du alt wirst. Aber wie *fühlst* du, daß du alt wirst?“ Sie sieht mich verwundert an, dann lacht sie. „Du hast recht, wenn ich die Augen schließe und mein Alter vergesse, fühle ich mich stark und vital.“ „Du hast das Stab-As erhalten, und wir alle können deine Energie spüren. Du brauchst nur nicht an die Zahl deiner Jahre zu denken. Vergiß sie doch einfach.“

Wenn es stimmig ist, was der Teilnehmer sagt, und wenn die Gruppe dazu bereit ist, versuche ich die therapeutische Arbeit weiter zu vertiefen. Ich bitte die Frau mit der Schwert-9 in die Mitte. Ich frage sie, ob sie an ihrer Angst arbeiten will. Sie

nickt. „Dann schließe die Augen und versuche dich in die Gestalt der Frau zu versetzen, die auf der Karte dargestellt ist. Du sitzt aufrecht in deinem Bett. Kannst du dich so erleben?“ Sie nickt wieder, und ich bemerke, daß sie stark erregt ist. Ich lege meine Hand auf ihre Schulter und sage: „Das ist nur ein Spiel, du bist nicht wirklich in deinem Bett und genauso unwirklich sind die Schwerter, die du sehen kannst. Jetzt gib acht! Du hast die Möglichkeit, jedes Schwert einzeln in die Hand zu nehmen. Benenne es, gib ihm einen Namen. Dann stoße es weit von dir – befreie dich.“ Sie überlegt, nickt erneut; sie hat mich verstanden. Sie greift über sich, nach einem Schwert und zeigt, daß sie es mit beiden Händen umfaßt.
„Du bist meine Arbeit, du verfolgst mich bis in meine Träume.“ Sie stößt das Schwert mit aller Kraft von sich und greift wieder in die Luft. „Und du bist mein Ehrgeiz, der mich nicht ruhen läßt.“ „Und du bist mein Mann, der mich nicht unterstützt.“ „Und ihr seid meine Kinder, für die ich mich aufopfere.“ Jedes Schwert, das sie von sich wirft, erleichtert sie. Das psychodramatische Tarotspiel hilft ihr, sich über ihre Situation bewußt zu werden und sich von ihrer bedrückenden Last zu befreien.

Begegnung mit Tarot

Bei diesem Spiel verwandeln sich die Gruppenteilnehmer in eine Phantasiegestalt ihrer Tarotkarte. Ich biete diese Möglichkeit dem Mann an, der den Narren gezogen hat. Er lehnt ab, sagt, daß er das nicht könne, er hätte seit Jahren nicht mehr gelacht. Die Gruppe drängt ihn, es doch zu versuchen. Schließlich willigt er ein. Er zieht seine Hose und sein Hemd verkehrt an und schminkt sein Gesicht. Anfangs noch vorsichtig und scheu, vergißt er bald sein altes Kleid, seine alte Haut und wird zum Narren. Er findet seine heitere, unbeschwerte Seite wieder, ist ausgelassen, naiv und frech. Er bringt sich und die ganze Gruppe zum Lachen und mit glänzenden Augen sagt er immer wieder: „Ich habe mein Lachen wieder, ich kann wieder lachen.“

Encounter mit Tarot

Wenn Teilnehmer einer Gruppe untereinander Probleme haben, fordere ich sie auf, offen und ehrlich alles zu sagen, was sie denken und empfinden. Dieses Encounter kann man auch mit

Tarotkarten spielen. Jeder Gruppenteilnehmer zieht fünf (oder mehr) Karten und legt sie, ohne sie zu betrachten, verdeckt vor sich. Teilnehmer, die das Tarotencounter miteinander spielen wollen, setzen sich paarweise gegenüber. Einer von beiden deckt die erste Karte auf und sagt: „Das bist du für mich." Der andere macht es genauso. Danach können sie über die Bedeutung sprechen oder weiterspielen, bis alle Karten aufgedeckt sind. Dieses Tarotencounter kann man auch zu Hause spielen. Es bringt eine neue Dimension in die Beziehung von Mann und Frau und in die Dynamik anderer Gemeinschaften.

Partnerwahl mit Tarot

Die Frauen (oder die Männer) der Gruppe wählen aus den 78 verdeckten Karten *ihre* Karte aus. Nur sie allein dürfen wissen, was der Geist des Tarot ihnen zuweist. Dann werden diese ausgewählten Karten erneut verdeckt ausgelegt, und die Männer suchen ihre Partnerin. Durch das Tarot bestimmte Paare bleiben zusammen und versuchen das Rätsel zu lösen, warum gerade sie zusammengekommen sind und wie sie diese Karte verbindet.

Trance und Tarot

Trancereisen und Tarotkarten ergänzen sich. Bilder, die in einer tiefen Trance ins Bewußtsein dringen, sind häufig Gestaltungen aus dem Reich des Tarot. Die große Mutter, der dunkle Tod, der eiserne Kaiser sind Visionen, die im Unbewußten schlummern und in der Trance lebendig werden. Dies ist eine Möglichkeit, Tarot und Trance zu verbinden: Die Gruppenteilnehmer ziehen eine Karte und legen sie, ohne sie zu betrachten, auf ihr Herz. Dann führe ich eine Tiefenentspannung durch und sage anschließend.:
„Obgleich du so tief entspannt bist, ist es dir jetzt möglich, wie im Schlaf, nach deiner Karte zu greifen. Bringe sie vor dein Gesicht und öffne die Augen für drei Sekunden – und sieh! Du behältst dabei völlig deine tiefe und angenehme Entspannung."
In einer Trance antwortet der Geist des Tarot dem Menschen direkt. Er offenbart ihm sein Wissen durch Bilder, durch Visionen. Er führt den Menschen auf den Grund des Meeres, wo ihm die Königin der Kelche begegnet. Er weist ihm den Weg in die Einsamkeit, wo der Einsiedler auf ihn wartet. Er begleitet ihn ins All, zur Königin der Sterne.

Tarot und freies Theaterspiel

Was die Seelen der Menschen seit ewigen Zeiten bewegt, ist in den Tarotkarten genauso eingefangen wie in Mythen, Märchen, Sagen und den kleinen und großen Theaterstücken der Weltliteratur. Die wiederkehrenden Motive sind konzentrierte Abbilder ewiger menschlicher Belange, anschaulich gemachte Strukturen universeller Verhaltensweisen des Menschen. Es liegt daher sehr nahe, den Inhalt der Tarotkarten als Theater zu spielen, zum Beispiel im Gruppenraum, auf einer kleinen Bühne oder irgendwo draußen in der Natur.

Manchmal gebe ich Gruppenteilnehmern einige ausgewählte Karten und lasse sie ein Stück erfinden und später auch spielen, in welchem diese Karten die „Hauptrolle" spielen.

Oder wir errichten eine provisorische Bühne. Jeder Teilnehmer zieht zu einer bestimmten Zeit eine Karte und bringt sich in seiner Tarotrolle in das laufende Spiel ein. Er kann auch diese Rolle wieder abgeben und eine neue Karte ziehen.

Ist eine Gruppe für eine längere Zeit zusammen, können Gipsmasken angefertigt und geeignete Requisiten vorbereitet werden. Aus einer dieser Gruppen stammen die folgenden Bilder. Die Teilnehmer hatten zwei Tage Zeit, sich in ihre Tarotkarte zu verwandeln. Wir waren am Mittelmeer und fühlten uns frei und unbeobachtet.

Tarotmasken

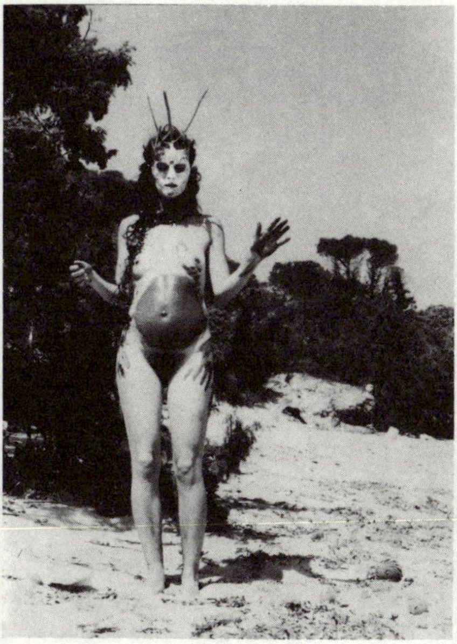

Die Hohepriesterin

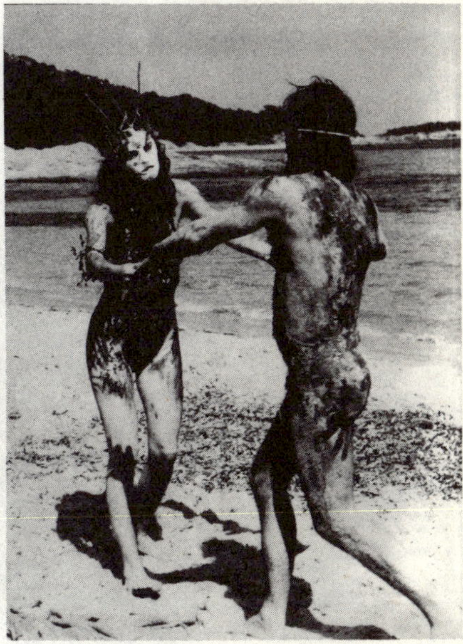

Die Liebenden

Der Teufel

Die Auferstehung

Die Zerstörung

Tarotbücher und Tarotkarten

Vor ungefähr zehn Jahren hielt ich zum ersten Mal Tarotkarten in der Hand. Es waren die von Arthur Edward Waite. Als ich in eine esoterische Buchhandlung ging, um mir ein Kartendeck zu kaufen, waren genau ein Tarotdeck und ein Buch von Waite da. Heute, im gleichen Laden, gibt es ein ganzes Regal mit mindestens zwanzig verschiedenen Tarotdecks und ebenso vielen Tarotbüchern. Alte Bücher, die neu aufgelegt wurden, Bücher in englischer, französischer und italienischer Sprache und neue deutsche. Ich habe nicht alles gelesen, was über Tarot geschrieben wurde, und ich habe mich auch nicht mit allen Kartenspielen beschäftigt. Ich habe eine ganz persönliche Auswahl getroffen und kann nur über meine Erfahrungen berichten, über meinen Weg zum Tarot.

Wie die meisten Tarotspieler, habe ich mir als erstes Buch den „Bilderschlüssel zum Tarot" von Waite gekauft. Ich habe es gelesen und immer wieder für einzelne Kartendeutungen benutzt. Aber es hat mich nie richtig angesprochen und bald habe ich nur noch das kleine Einlegeblatt zu seinen Karten verwendet. Seine Sprache und seine Deutungen sind sachlich und ohne Leben. Waite hatte eine hohe Stellung in der amerikanischen Freimaurer- und Rosenkreuzerbewegung und war sehr von sich selbst überzeugt.

Sehr intensiv habe ich mich mit Elisabeth Haichs Buch: „Die zweiundzwanzig Bewußtseinsstufen des Menschen" beschäftigt. Ihre Beschreibung der 22 Trumpfkarten ist sehr umfassend, und in ihren Deutungen ist Raum für ahnungsvolles Schauen.

Auch Dio Ramans „Der praktische Tarot" gab mir viele Anregungen. Er deutet die Karten des großen Arkanums aus der Archetypenlehre von C. G. Jung.

Hier einige englischsprachige Bücher, in die ich immer wieder gerne hineinsehe: Theodor Laurence „The Sexual Key to the Tarot". Der Autor sucht die sexuelle Bedeutung der 78 Karten des Waite Tarotdeck zu entschlüsseln. Die eine oder andere Deutung ist brauchbar, aber als alleiniger Leitfaden ist das

Buch irreführend. Alfred Douglas „The Tarot – The Origins, Meaning und Uses of the Cards“ und F. D. Graves „The Windows of Tarot“ sind zwei Broschüren, die einfach geschrieben sind und viele praktische Hinweise geben. Diese einfache Sprache fehlt den meisten deutschen Tarotbüchern. Der Leser wird gezwungen, sich in die esoterischen Schulen der Tarotmeister einzuarbeiten, und sein Wunsch, sich und die Welt besser zu verstehen, bleibt unerfüllt. Ich möchte dazu auch das Buch von Hans-Dieter Leuenberger „Schule des Tarot“ zählen. Auf über 300 Seiten werden die 22 Karten des großen Arkanums beschrieben. Ich habe mich beim Lesen tatsächlich wie in einer „Schule“ gefühlt und mich auf die „Pause“ gefreut, um hinauszutreten ins wirkliche Leben. Es fehlt ihm das Spielerische, der Geist, der die Karten erst mit praktischem Leben erfüllt.
Auch in dem neu erschienenen Buch „Astrologie und Tarot“ von B. A. Mertz, mit Bildern von Paul Stuck, finde ich wenig Hilfen für praktische Lebensbewältigung. Mertz versucht, Astrologie und Tarot zu verbinden, was ich sehr bedeutsam finde. Ich weiß aus meiner Praxis, daß sich die beiden Bereiche an manchen Stellen berühren und auch ergänzen können, daß aber eine eindeutige Festlegung oder Zuweisung entweder der Astrologie oder dem Tarot schlecht bekommt. Bei Mertz verliert das Tarot durch die astrologische Überfrachtung an Eigenständigkeit. Hinzu kommt noch, daß ich die Tarotkarten von Paul Stuck nicht mag. Sie mögen als surrealistische Gemälde ihren Wert besitzen – als Tarotkarten tun sie mir in der Seele weh.
Ich kenne und besitze noch einige andere Tarotbücher, in die ich aber nicht tiefer eingedrungen bin. Ihr Geist hat mich nie richtig erreicht. Ihre Sprache ist aus einer anderen Zeit und ihre Deutungen beziehen sich auf esoterische Schulen und Zirkel, die mir fremd sind. Bücher wie „Das Deutsche Tarotbuch“ von A. Frank Glahn, „Meditationen über die Große Arkana des Tarot“ herausgegeben von Ernst von Hippel und das „Tarot der Eingeweihten“ von Joachim Winkelmann mögen einen Liebhaber- oder Sammlerwert haben, mit ihrem Inhalt weiß ich nichts anzufangen. Auch das neu aufgelegte „Tarot der Zigeuner“ von Papus zähle ich zu diesen Büchern. Es ist voller esoterischer Symbole und geheimnisvoller Zeichen. Das Spiel mit den Karten wird zum Spiel mit Zahlen und rätselhaften Metaphern. Das zwanzigste Kapitel „Der Tarot der Wahrsagekunst in sieben Lektionen“ habe ich ausführlicher studiert und auch

das eine oder andere übernommen. Am Schluß des Buches ist ein vom Verleger erstelltes kurzes Verzeichnis aller erhältlichen Tarotdecks.
Einmal, als ich Tarotkarten legte, besuchte mich eine Bekannte, die seit Jahren esoterische Bücher verschlang. Sie streifte meine Karten nur kurz und äußerte sich dann abfällig über Farben und Symbolik. Ich war wie gelähmt. Da gab es also Tarotschulen und Bücher, die vorschrieben, was richtig und was falsch war. Meine Bekannte nannte mir dann auch gleich drei Bücher, die ich unbedingt erst lesen müßte, bevor ich überhaupt anfangen dürfte, Tarot zu spielen. Es dauerte einige Zeit, bis ich mich wieder unbeschwert den Karten zuwenden konnte, bis ich wieder frei genug war, in *meine* Seele zu schauen, mich mit *mir* zu beschäftigen und nicht mit dem eingefrorenen und mumifizierten Wissen alter Tarotesoteriker.
Jeder Mensch und jede Zeit muß neue Wege gehen, um den Geist des Tarot zu finden. Sicher habe ich von den „Alten" gelernt, aber ich lebe nun mal jetzt.
Es gibt neuerdings Tarotbücher, die für suchende Menschen unserer Zeit geschrieben wurden: „Spiel Tarot – Spiel Leben" von Swami Anand Anupam und „Hexentarot" von Luise Francia. Francia kommt (auch) aus der Frauenbewegung, und ihr Büchlein wurde für die heutigen Schwestern der Hexenfrauen von früher geschrieben. Anupam, ein Sannyasin, lebt in einem großen Bhagwan-Center. Seine Deutungen und Legetechniken haben oft einen direkten Bezug zum Leben in der „Community", in der Gemeinschaft mit dem erleuchteten Meister Bhagwan. Auch das Buch von S. Golowin „Die Welt des Tarot" möchte ich hier erwähnen. Es war das erste deutschsprachige Tarotbuch, das den Geist der neuen Zeit beschrieb. Peter Balins Buch „Der Flug der gefiederten Schlange. Maya Tarot und Schamanismus" knüpft am magisch-okkulten Wissen aus dem mittelamerikanischen Raum an und versucht, es in unsere Zeit zu übertragen. Die Deutungen der Karten allerdings unterscheiden sich in gar keiner Weise von der europäischen Tarottradition. Ich habe fast den Verdacht, daß man hier der alten Welt des Tarot ein neues Gesicht verpassen wollte, indem man den klassischen Gestalten indianische Hakennasen und Kleider gab. Zum Schluß noch ein Buch, das sich nur indirekt mit den Tarotkarten beschäftigt. „Kopfunter hängend sehe ich alles anders" von Sheldon B. Kopp. Der Autor, der schon über das chinesische I Ging schrieb („Triffst du Buddha unterwegs")

nimmt die 22 Karten des großen Arkanums als Einstieg in die dunklen Räume der Seele. Er erzählt Geschichten, zitiert alte Mythen und berichtet vor allem aus seiner therapeutischen Praxis. Es ist kein eigentliches Tarotbuch, es gibt keine Hinweise, wie man Karten auslegt und deutet. Aber wie das Tarot, beleuchtet es die verborgenen und geheimnisvollen Bereiche menschlichen Lebens, die vom normalen Alltagsverstand und vom heute vorherrschenden Wissen nicht erfaßt werden. Ich finde, es ist ein schönes Buch.

Tarotkarten

Wer wissen möchte, wieviele verschiedene Tarotdecks bekannt sind, möge „The Encyclopedia of Tarot" von Stuart R. Kaplan studieren. Der Autor sucht die Quellen des Tarot im alten Ägypten und Indien. Er zeigt Abbildungen der ältesten uns bekannten Karten, die heute in Museen aufbewahrt werden, und gibt eine bibliographische Übersicht über alle bis 1978 erhältlichen Tarotdecks. Eine kurze Zusammenstellung von 34 Spielen ist im Anhang des neu aufgelegten „Tarot der Zigeuner" von Papus. Auch in jeder größeren esoterischen Buchhandlung und in den entsprechenden Abteilungen großer Buchläden kann man heute gut zwanzig verschiedene Kartenspiele finden.
Ich möchte hier nur die Tarotdecks beschreiben, mit denen ich selbst gearbeitet habe und auch heute noch spiele. Es gibt nicht *das* richtige Tarotdeck, genausowenig, wie es das einzig wahre Tarotbuch gibt. Es ist der Geist einer bestimmten Zeit und der persönliche Geschmack, der entscheidet, welches Tarot man letztlich zu *seinem* Spiel erklärt.

Rider-Waite Tarot

Wie ich schon sagte, begann mein Tarotweg mit diesen Karten. Mit Ausnahme einiger Hofkarten sind die Bilder klar und ansprechend. Es ist zumindest in Deutschland am meisten verbreitet. Nicht, weil die Karten besonders schön oder stimmig sind, sondern weil bis vor kurzem Waite's Buch das einzige war, das alle 78 Karten beschrieb und deutete. Wie beim Maroccan und beim Morgan Tarotdeck sind nicht nur die Trümpfe und die Hofkarten bildhaft, sondern auch die Karten der kleinen Arkana. Dem Spiel ist ein kleines Heftchen beigelegt, in dem die Karten kurz erläutert werden.

Royal-Fez Maroccan Tarot

Dieses Kartenspiel entdeckte ich vor ungefähr fünf Jahren. Es hat die gleiche Symbolik wie die Waite-Karten. Aber ich finde die Darstellungen feiner, geheimnisvoller. Da ist mehr Raum für Projektionen und die innere Suche. Vielleicht war es aber auch einfach das Neue, das Andere, was mich anzog.

Aleister Crowley Thoth Tarot

Als ich Crowley's Karten zum ersten Mal sah, spürte ich Faszination und tief in mir eine beklemmende Schwere. Von den Karten gingen dunkle Schwingungen aus. Ich ahnte, daß ich vorsichtig sein müßte. Crowley war Magier. Er weilte an den geheimnisvollen Orten Europas, Afrikas und Asiens. Man erzählt über ihn, daß er mit Hilfe uralter Zauberformeln gewaltige Geister beschwören konnte. Von vielen wird er als der größte Geist seiner Zeit neben Gurdijeff bezeichnet. Seine Karten sind anders als die zuvor beschriebenen. Das kleine Arkanum ist nicht bildhaft, sondern stellt die Anzahl der Elemente dar. Bei den Hofkarten gibt es Ritter, Königin, Prinz und Prinzessin. Der Ritter hebt sein jeweiliges Element am stärksten hervor. Die Königin ergänzt ihn, und Prinz und Prinzessin sind ihre Kinder. Inzwischen gibt es auch sein Tarotbuch in deutsch. Es heißt „Das Buch Thoth". Es ist nicht einfach zu lesen und setzt eine esoterische Grundhaltung voraus. Crowley war ein Meister, und nur wer ihn auch heute noch als seinen Meister anerkennt, kann beim Tarotspiel auch den Geist des Aleister Crowley beschwören.

The Secret Dakini Oracle

Diese Karten gibt es in Deutschland erst seit ungefähr einem Jahr, und sie sind immer noch ein Geheimtip unter Tarotspielern. Ihre Symbolik stammt aus dem fernen Osten, aus der Zeit des Tantrismus. Das Dakini ist als eine Sammlung aller menschlichen Geheimnisse zu verstehen, die mit den Karten symbolhaft wiedergegeben werden. Die heute vorliegenden 65 Karten sind kunstvolle Photomontagen mit Symbolen alter östlicher Religionen und der westlichen Neuzeit. Die Karten 0 bis 21 entsprechen in ihrer Bedeutung den Trumpfkarten des klassischen Tarot. Die Karten 22 bis 61 sind der kleinen Arkana ähnlich. Zehn Karten gehören jeweils zu einem der vier Elemente Luft, Feuer, Wasser und Erde. Entsprechungen zu den Hofkarten des Tarot fehlen. Es gibt noch drei „Zeitkarten", Vergangenheit, Gegenwart und Zukunft. Der Autor Nik Douglas kam über das Studium des Yoga und des Tantrismus zu seinem Wissen über das Dakini. „Ein Dakini ist ein Archetyp weiblicher Energie und Weisheit. Es gibt 64 Dakinis, von denen man annimmt, daß sie ein Ausdruck archetypischer Energien innerhalb jedes Menschen sind. Man sagt, daß die Dakinis manchmal kreativ und manchmal destruktiv sind. Ohne diese verschiedenen Energien gäbe es kein Leben". (Nik Douglas & Penny Slinger, The Secret Dakini Oracle, Seite 7, eigene Übersetzung). Der Autor schreibt, wie er in Indien einen Dakini Tempel gefunden hat: „Unter großen Schwierigkeiten erreichte ich den Tempel der 64 Dakinis. Das Gebäude war auf einem riesigen schwarzen Felsen, der vom Ufer eines kleinen Sees aufstieg. Der Tempel war aus Sandstein, mit dünnen Wänden und einem einzigen Eingang, der zu einem kreisförmigen Raum führte, der zum Himmel hin offen war. Im Mittelpunkt stand nur eine männliche tanzende Figur, Shiva. Außen, in separaten Nischen, waren 64 tanzende weibliche Figuren, die Shaktis oder Dakinis.

Der Tempel von Ranipur Jharial zeigt ganz genau das Konzept der psychischen Verwandlung, wie es im Tantrismus beschrieben wird: 64 Energien werden durch tanzende Göttinnen dargestellt. Sie sind friedlich oder zornig, tragen Waffen und andere Symbole und haben ganz bestimmte Haltungen und Gesten." (Seite 8).

Wie das Tarot öffnet das Spiel mit den Dakini Karten eine Türe in die eigene Seele. Durch Bildbetrachtungen und Meditation erfährt der Mensch etwas über sich und die Welt, wird aufmerksam für seine Stärken und Schwächen, wird „hellsichtig" für die Gefahren auf seinem Lebensweg. Die Karten von Penny Slinger werden im Buch beschrieben und erklärt. Es werden zwei Legetechniken angeführt: Der „Lebensbaum" ist eine Abwandlung des Keltischen Kreuzes. Sechs Karten werden für die Körperchakras gelegt. Kopf, Hals, Herz, Nabel, Bauch und Sexualität. Vier weitere Karten für die Gefühle, die das Herz beeinflussen. Das andere Legeverfahren heißt „Große Karte des Universums". Es hat einen engen Bezug zum astrologischen Tierkreis. Im Kartendeck ist eine genaue Beschreibung dieser Verfahren und eine kurze Erklärung der Karten. Diese Anleitung genügt, wenn man wie ich nur gelegentlich mit diesen Karten spielt.

Morgan Greer Tarot

Vor ungefähr einem Jahr entdeckte ich ganz zufällig in einem kleinen Buchladen in San Francisco die Morgan-Greer Karten. Ich war begeistert. Schon die Rückseiten der Karten, weiße Sterne auf blauem Grund, machten mich froh und hoffnungsvoll. Die Symbolik der Karten ist vom Rider-Waite Tarot übernommen worden, aber die Bilder sind realer, stimmiger. Endlich hatte ich Karten, worauf die Liebenden wirklich wie Liebende, der Magier wie ein Magier und die Könige wie Könige aussahen. Vielleicht ist die eine oder andere Karte zu realistisch – Freunde von mir sagen „zu amerikanisch". Ich bevorzuge heute dieses Tarot und spiele, vor allem in meinen Gruppen, fast nur noch mit ihnen.

The Goose is out. A Zen-Poker

Ein Kartenspiel ganz besonderer Art ist das Sannyas Tarotdeck „The Goose is out" von Swami Veet Bruco und Ma Prem Jagruti.
Es ist erst seit ganz kurzer Zeit in Sannyas-Zentren und wenigen esoterischen Buchläden erhältlich. Es besteht aus 108 Karten – genauso vielen, wie die Mala der Sannyasin Perlen hat. Die Autoren schreiben über ihre Karten: „Dieses Tarot stammt aus Hunderten von verschiedenen Quellen, Collagen von Bildern aller Zeiten, aller Epochen, zweitausend Jahre alt oder aus dem letzten Jahrhundert, Symbole aller Zivilisationen. Einige stammen aus dem chinesichen Taoismus, andere aus dem Fernen Osten und aus Ägypten, wieder andere aus unserer Ära der Weltraumforschung. Alle diese Symbole haben ihren eigenen, ganz spezifischen kulturellen Hintergrund, aber sie alle sind Ausdruck der gleichen Wahrheit. In jedem Jahrhundert suchte die Menschheit nach neuen Antworten, aber die Frage war immer gleich.
Das Tarot ist eine Sammlung menschlicher Weisheit aller Meister, die je existierten. Eine neue Synthese. Diese Karten wurden nicht von einem einzelnen Menschen gefertigt, sondern entstammen den Visionen vieler Menschen. Dadurch werden sie zu einer viel umfassenderen Wahrheit, als es ein Künstler je ausdrücken könnte."
Dieses Kartenspiel ist ein Gedicht, das aus dem vollen Herzen zweier Sannyasin kommt – ein Liebeslied für ihren Meister.

Zu den Karten von Linde Famira

Linde Famira hat die Karten zu diesem Buch nach meinen Anregungen gestaltet. Im großen und ganzen richteten wir uns nach den klassischen Vorbildern. Einige Karten wurden bewußt verändert, wie der Magier, der jetzt wirklich hinaustritt in die Welt, oder der Hohepriester, der jetzt als ein „Buddha", als „Erleuchteter" erscheint. Ich finde, daß diese Darstellungen eher den Geist unserer Zeit widerspiegeln. Mehr und mehr Menschen machen sich auf den Weg, treten hinaus in eine neue und unbekannte Welt, um ihrem eigenen Buddha zu begegnen. Die Symbolik des Tarot ist zeitlos und ewig gültig. Aber jede Zeit trägt ihr eigenes Gewand, braucht eigene Formen, um sie zu verstehen, um sie leben zu können.

Ich traf Linde Famira sehr selten während unserer Arbeit und war jedesmal aufs neue überrascht, wie sehr ihre Bilder meinen Ahnungen und Vorstellungen entsprachen. Ihre Karten gibt es in zwei Ausführungen: Als farbiges Tarotdeck und als schwarzweiß Deck zum Ausmalen. Letzteres ist drucktechnisch so vorbereitet, daß es jeder Tarotspieler selbst farbig ausmalen und sich so sein ureigenes Kartenspiel gestalten kann.

Wer sich sein Deck selbst farbig ausmalt, dringt tiefer in die Welt des Tarot ein, entdeckt die geheimnisvollen Bedeutungen und Zusammenhänge, verbindet sich stärker mit dem Geist des Tarot. Das Kartenlegen ist eine Kunst, keine Wissenschaft, es ist eine Meditation, ein Sich-selbst-finden. Wenn du zu Farbe und Pinsel greifst oder mit Farbstiften daran arbeitest, wenn du dir Zeit läßt, dich versenkst in deine ahnungsvolle Seele, dann eignest du dir Bild für Bild an und machst jede Karte zu einem Teil deiner selbst.

Das andere Tarotdeck wurde von Linde Famira farblich gestaltet. Es ist in seiner Farbgebung am ehesten mit den Morgan Greer Karten vergleichbar. Auf der Rückseite der Karten sind Wüste und Sonne dargestellt. Die Wüste ist der Ort, zu dem der Suchende gelangt, wenn er sich völlig lösen will von der äußeren Welt. Nachts, oder wenn er die Augen schließt, gibt es nichts mehr, nur seinen Atem, die Lebendigkeit seines Herzens und die Visionen seiner uralten Seele.

Wie man Tarotkarten erwirbt und aufbewahrt

Um deine Tarotkarten zu finden, mußt du dir Zeit nehmen. Gehe in einen Buchladen und betrachte jedes Tarot. Entscheide nach deinem Gefühl, deiner Intuition, deinem Bauch. Achte auf die Größe der Karten. Wie liegen sie in deiner Hand? Auch ihre Rückseite ist wichtig.

Eine alte Tarotregel besagt, daß du die Karten „legal“ erwerben mußt. Kaufe sie zum angegebenen Preis, du darfst nicht handeln. Oder, was noch besser ist, du bekommst sie geschenkt, vielleicht sogar von einem Menschen, der bereits Tarot spielt. Die Karten dürfen nur von dir geöffnet werden, und die ersten zwei Wochen darfst nur du sie berühren. Am besten, du bewahrst sie in einem feinen Beutel unter deinem Kopfkissen auf.
Es ist nicht wichtig, ob du an die Wahrsagekraft des Tarotorakels glaubst oder nicht. Die Karten sind eine Quelle universeller Weisheit. Sie führen eine Versenkung in zeitlose menschliche Züge herbei, sie lenken dich zu vergessenem Wissen und unerprobten persönlichen Kräften.
Achte die Karten – du achtest damit auch deine Seele. Werde neugierig – und du wirst damit auch neugierig auf eine Welt, die jetzt noch weit hinter deinem Horizont liegt.

Tarotkarten

Ägyptisches Tarot	21.—
Angel Tarot Deck	27.—
Aquarian Tarot Deck	24.—
Balbi Tarot Deck	28.—
Cagliastro Tarot Deck	32.—
Crowley Thoth Tarot Cards	34.—
Dakini Oracle Cards	34.—
Dragon Mystique Deck	18.—
Egipcios Tarot Deck	55.—
Egiziano Tarot Deck	30.—
El Gran Tarot Esoterico	34.—
Enoil Gavat Tarot Deck	47.—
D'Epinal Tarot Deck	24.—
Famira Tarot Deck	24.—
Fine Art Tarot Deck	66.—
Fortune Telling Game	34.—
Frown Strong Tarot Deck	77.—
Golden Dawn Tarot Deck	34.—
The Goose is Out — A Zen Poker	75.—
Grand Etteilla Tarot Deck	28.—
Hermetic Tarot Deck	24.—
I-Ching Cards	21.—
Mayan - Xulton Tarot Deck	24.80
Minchiate Florentine Deck	90.—
Morgan-Greer Tarot Deck	24.—

Nordic Tarot Deck	14.80
Oracle de la Sibylle	29.80
Oswald Wirth Tarot Deck	27.—
Prager Tarot Deck	24.—
Ravenswood Tarot Deck	16.80
Rigel Tarot Deck	16.80
Sacred Rose Tarot Deck	79.—
Spanish Tarot Deck	18.—
Starter Tarot Deck	9.80
Swiss Tarot Deck	21.—
Tarocchini of Mitelli	79.—
Tarot Arista	27.—
Tarot Cardinal	14.80
Tarot Classic	21.—
Tarot le grand Geomancien	24.50
Tarot de Marseilles	28.—
Tarot de Mille Lenormand	9.80
Tarot Royal Fez	24.—
Tarot of the Witches	24.—
Tarot 4	21.—
Tavaglioni Tarot Deck	28.—
Tobacco Tarot Deck	79.—
Visconti Tarot Deck	77.—
Waite - Rider Tarot Deck	21.—
Waite - Rider Tarot mini	16.80
Zigeuner-Tarot	28.—

Bezug über den Fachhandel oder direkt bei:

NEW AGE GmbH — Bücher und Schallplatten
Neureutherstraße 27, 8000 München 40,
Telefon 089 / 271 77 78, W. Germany

Tarot Bücher

Anupam, Swami Anand:
Spiel Tarot - Spiel Leben
128 Seiten, Pbck. 12.80 DM

Balin, Peter:
Der Flug der Gefiederten Schlange
Maya Tarot und Schamanismus,
160 Seiten, illustr. 38.- DM

Blakeley, J.D.:
The Mystical Tower of the Tarot
192 Seiten, Pbck. 28.- DM

Butler, B.:
The Definitive Tarot
250 Seiten, kart. 19.80 DM

D'Agostino, J.D.:
Tarot - the Royal Path to Wisdom
132 Seiten, kart. 9.- DM

Douglas, Nik & Slinger, Penny:
The Secret Dakini Oracle
221 Seiten, Pbck. 21.- DM

Francia, Luisa:
Hexentarot
98 Seiten, Pbck. 18.- DM

Gardner, Richard:
Evolution through the Tarot
158 Seiten, Pbck. 14.80 DM

Glahn, Frank:
Das Deutsche Tarot Buch
325 Seiten, Ln. 34.-

Golowin, Sergius:
Die Welt des Tarot
390 S., zahlr. Abb., geb. 46.- DM

Graves, F.D.:
The Windows of the Tarot
94 Seiten, Pbck. 18.- DM

Haich, Elisabeth:
Tarot. Die 22 Bewußtseinsstufen des Menschen
189 Seiten, Ln. 38. — DM

Hippel, Ernst v.:
Meditationen über die Großen Arcana des Taro
525 Seiten, geb. 108.- DM

Kaplan, Stuart R.:
The Encyclopedia of Tarot
387 Seiten, zahlr. Abb., Ln. 77.- DM

Kaplan, Stuart R.:
Tarot Classic
240 Seiten, Pbck. 24.- DM

Koch, Rhea:
Selbst wahrsagen mit Karten
111 Seiten, geb. 9.80 DM

Kopp, Sheldon B.:
Kopfunter hängend sehe ich alles anders
224 Seiten, Pbck. 26.- DM

Laurence, Theodor:
The Sexual Key to the Tarot
121 Seiten, Ln. 18.- DM

Leuenberger, Hans-Dieter
Schule des Tarot, Bd. 1
Das Rad des Lebens. Ein praktischer Weg durch die großen Arkana
318 Seiten, geb. 38.- DM

Lind, Frank:
How to Understand the Tarot
68 Seiten, kart. 4.80 DM

Martin, Kevin:
Das große Zigeuner-Wahrsage-Buch
254 Seiten, TB 7.80 DM

Maxwell, Joseph:
The Tarot
223 Seiten, Pbck. 12.- DM

Mertz, B.A. & Struck, P.:
Astrologie und Tarot
204 Seiten, farb. Abb., Ln. 85.- DM

Nigg, Edwin J.:
Wahrsagen mit Tarot-Karten
112 Seiten, geb. 14.80 DM

Nordic, Rolla:
The Tarot Shows the Path
127 Seiten, Pbck. 18.- DM

Papus:
Tarot der Zigeuner
318 Seiten, zahl. Abb., Ln. 48.- DM

Papus:
The Tarot of the Bohemians
347 Seiten, geb. 19.80 DM

Potts, Billie:
Ein neues Tarot der Frauen
86 Seiten, zahlr. Abb., 18.- DM

Raman, Dio:
Der Praktische Tarot
m. 22 Karten, geb. 26.80 DM

Roberts, Richard:
Tarot and You
123 Seiten, Pbck. 18.- DM

Sadhu, Mouni:
The Tarot
493 Seiten, Pbck. 24.- DM

Scheidt, Jürgen v.:
The Mystical Tower
Texte zum Tarot
50 Seiten, kart. 5.- DM

Spiesberger, Karl:
Die Kunst Karten zu legen
143 Seiten, kart. 12.- DM

Stuart, Micheline:
Der Tarot-Weg zur Selbstentfaltung
57 Seiten, kart. 10.- DM

Tarot nach der ägyptischen Mythologie
96 Seiten, kart. 6.80 DM

Tarot - Cards for Fun and Fortune Telling
95 Seiten, kart. 14.- DM

Waite, Arthur E.:
Der Bilderschlüssel zum Tarot
178 Seiten, Pbck. 24.- DM

Wang, Robert:
Introduction to the Golden Dawn Tarot
168 Seiten, Pbck. 19.80 DM

Winkelmann, Joachim:
Tarot der Eingeweihten
135 Seiten, 22 Karten, 24.- DM

Die Musik zum Tarot:

YANN: GOLDEN DAWN — A TAROT EXPERIENCE
MC 23.90 DM

Bezug über den Fachhandel oder direkt bei:

NEW AGE GmbH — Bücher und Schallplatten
Neureutherstraße 27, 8000 München 40,
Telefon 089 / 271 77 78, W. Germany

Bücher für Ihr persönliches Wachstum

Linde Famira: Tarotdeck

Zu seinem Buch „Tarot — Quelle therapeutischer Wandlung" hat Erich Bauer von der Stuttgarter Malerin und Grafikerin Linde Famira ein eigenes Tarotdeck entwerfen lassen, in dem in beeindruckender Weise die symbolischen Elemente der 78 Karten zum Ausdruck kommen. Die Karten gibt es in zwei verschiedenen Ausführungen: Als farbiges Tarotdeck, das in seiner Farbgebung am ehesten mit den Morgan Greer Karten vergleichbar ist, und als schwarz-weiß Deck, das drucktechnisch so vorbereitet ist, daß es jeder Tarotspieler selbst farbig ausmalen und sich so sein eigenes Kartenspiel gestalten kann.

Luisa Francia: Hexentarot

Der Autorin ist es mit diesem Buch gelungen, den ganzen Reichtum der Kräfte, den die Tarotkarten symbolisieren und aus denen unser Leben sich ständig aufbaut, zerstört und weiterentwickelt, tief und treffend zu benennen.
Gerade die Knappheit der Aussage, das Weglassen überflüssiger Worte wirkt wie ein kurzes Schlaglicht auf die im Leser — besser: im Spieler — latent vorhandene Kenntnis der archetypischen Bildersprache. Das dadurch ausgelöste, plötzliche Aufleuchten von Einsichten in die eigene Alltagssituation bringt dieses im Halbdunkel unseres Bewußtseins vorhandene Wissen in Bewegung und setzt den Leser auf die Spur spannender Selbsterkenntnis.
Außerdem gibt die Autorin ausführliche Anleitungen zu den verschiedenen Legemethoden. Jedes Spiel — ob keltisches Kreuz, Kreis oder Pyramide — eröffnet so die Möglichkeit, das Energiefeld zu betrachten, in dem man gerade steckt. Dabei geht es im Wesentliche darum, dem Fragenden bzw. seiner Frage jene Einflußfaktoren zuzuordnen, die seinem Inneren und Äußeren, seiner Vergangenheit sowie seinen Erwartungen an die Zukunft entstammen.

Leonard Orr / Sondra Ray: Rebirthing

Sie nennen sich „Mittelklasse-Gurus" und versprechen ihren Mitmenschen absolute Gesundheit, Freude, Wohlstand, anhaltende Jugend — ja sogar physische Unsterblichkeit. Sie arbeiten weltweit und bieten ein ausgewogenes Programm von Ideen, Verhaltensweisen und Techniken an, um das Leben zu meistern. Dieses fasziniernde Buch beschreibt die unglaublich erfolgreichen Methoden, mit denen sie Menschen zur Selbstverwirklichung und Transformation verhelfen.
Rebirthing — sinngemäß: Neugeboren werden — ist eine verblüffend einfache, revolutionäre Atemtechnik, mit deren Hilfe eine Neugeburt in Körper, Seele, Intellekt und Geist erfahren werden kann. Mit Hilfe des Atems kann innerhalb weniger Rebirthing-Sitzungen eine Erinnerung an die Geburtserlebnisse hervorgerufen werden. Das oft mit der Geburt verbundene Trauma und die daraus resultierenden, unbewußten negativen Lebenseinstellungen können für immer aufgelöst werden. Ein anderes wichtiges Werkzeug sind die sogenannten „Affirmationen". Ihre Wirkung beruht darauf, daß Gedanken kreativ sind, und unsere innere Welt sich in unserer äußeren Um-Welt und in unseren Lebensbedingungen widerspiegeln. Mit einfachen Methoden können wir unsere Gedanken steuern und haben so die Wahl, unser Leben nach unseren Vorstellungen zu gestalten.

Bhagwan Shree Rajneesh: Vom Sex zum kosmischen Bewußtsein

Bevor Bhagwan Shree Rajneesh seinen Ashram in Poona gründete, reiste er mehrere Jahre durch Indien. 1968 hielt er in Bombay vor einer riesigen Versammlung eine Serie von fünf Vorträgen, die nun erstmalig in deutscher Sprache vorliegen. In einer ungewohnt feurigen Sprache und mit eindringlichen Geschichten umwirbt Bhagwan das Bewußtsein seiner Zuhörer. Er zeigt den Teufelskreis auf, den die Prediger fast aller Religionen seit Jahrtausenden inszenieren. Dieser Teufelskreis beginnt mit der Verdammung der Sexualität und stürzt den Menschen von Kindheit an in verheerende Konflikte, aus denen er dann tatsächlich als ein vielfältig verkrüppeltes Wesen hervorgeht.
Die Religionsvertreter verfeinden den Menschen mit seiner intimsten göttlichen Kraft — jener Energie, aus der alle Lebewesen dieser Schöpfung ständig gezeugt und geboren werden.
Die sexuelle Vereinigung ist ein Anfang der Liebe, nicht die Liebe selbst. Nur das bewußte Eintauchen in sexuelle Erfahrungen ermöglicht es dem Menschen, daß sich die Liebe aus ihrem eigenen natürlichen Ursprung entfalten kann. In diesem Buch zeigt der „Sex-Guru" Bhagwan systematisch auf, wie wahre Liebe aus der Sexualität hervorgehen und wie sich das menschliche Bewußtsein von der Fessel der Sexualität befreien und zur reinen Liebe heranwachsen kann.
„Nur die sexuelle Energie kann sich in Liebe verwandeln, nur diese Energie, aber selbst die größten Denker der Menschheit sind dagegen. Und diese Antihaltung verhindert, daß der Same zur Pflanze wird; der Palast der Liebe wird bereits im Fundament zerstört."

Reihe Mystik des Orients — Band 1: Bernd Manuel Weischer: Die nächtlichen Gespräche des Fariduddin 'Attar

Der Sufismus, die islamische Mystik, mag als die innere Essenz der islamischen Kultur und als Reaktion auf eine nur äußerliche Gesetzesreligion angesehen werden. Die Zeugnisse der islamischen Mystiker berichten von der Verinnerlichung, der oft schmerzhaften Suche nach den Geheimnissen des Selbst, der Erleuchtung und Vereinigung mit der *einen* Realität. Zu den größten mystischen Dichtern persischer Zunge gehört Scheich Fariduddin 'Attar. Außer den bekannten Epen, wie etwa *„Die Sprache der Vögel"* und *„Buch der Geheimnisse"*, hat 'Attar eine umfassende Sammlung von mystischen Ghaselen und Vierzeilern hervorgebracht, der die vorliegende Anthologie der *„Nächtlichen Gespräche"* entnommen ist. Auch der moderne Leser kann noch von diesen zeitlos gültigen, oft brillant formulierten Aussagen unmittelbar angesprochen und berührt werden.

Reihe Mystik des Orients — Band 2: Annemarie Schimmel: Unendliche Suche. Geschichten des Schah 'Abdul Latif von Sind

Die Mystik hat den Islam auf dem Subkontinent seit Jahrhunderten stark geprägt. Die mystische Literatur reicht von komplizierten theologischen Abhandlungen bis zu volkstümlichen Gesängen in den Regionalsprachen wie *Sindhi, Punjabi, Paschto, Bengali* usw. Der größte Vertreter der mystischen Volksdichtung in Sindhi war Schah 'Abdul Latif (1689—1752) im unteren Industal, dessen mystische Lieder bis heute im Volk lebendig sind. Diese von Prof. Annemarie Schimmel hervorragend eingeleitete und kommentierte Auswahl aus den Gesängen des Schah 'Abdul Latif von Sind gewährt einen einmaligen Einblick in die reiche mystische Volksdichtung des Subkontinents.

Bezug über den Fachhandel oder direkt bei:

NEW AGE GmbH — Bücher und Schallplatten
Neureutherstraße 27, 8000 München 40,
Telefon 089 / 271 77 78, W. Germany

Meditative Musik

Raghunath Seth
Realm of Raga LP 24,–

Frank Perry
Deep Peace LP/MC 22,–

Wolff/Hennings
Tibetan Bells II LP/MC 22,–

George Winston
Autumn LP/MC 24,–
December LP 24,–
Winter Into Spring LP 24,–

Eberhard Schöner
Bali Agung LP/MC 24,–
Meditation LP/MC 22,–

Touch
Traumwerk 1 LP 22,–

Siegfried Schwab
Meditation LP/MC 24,–

Chaitanya Hari Deuter
Aum LP/MC 22,–
Celebration LP/MC 22,–
Haleakala LP/MC 22,–
Ecstasy LP/MC 22,–
Cicada LP/MC 22,–
Silence is the Answer 2-LP/MC 22,–

Kitaro
Silk Road 2-LP/MC 29,–
Oasis LP/MC 22,–
In Person Digital LP/MC 24,–
Ki LP/MC 22,–
Tunhuang LP/MC 22,–

Lin
The Tibetan Book
of the Dead Doppel-MC 29,–

Popol Vuh
Tantric Songs LP/MC 24,–
Hosianna Mantra LP/MC 24,–
Einsjäger/Siebenjäger LP 22,–
In den Gärten Pharaos LP 22,–
In den Gärten Pharaos/
Aguirre 2-LP/MC 29,–
Agape – Agape LP/MC 22,–

Terry Riley
Descending Moonshine
Dervishes LP/MC 22,–

Paul Horn
Inside the Taj Mahal LP/MC 22,–
Inside the Great Pyramid 2-LP/MC 29,–

Dario Domingues
The End of the Yahgans
Journey LP 22,–

Shanti
Leila & Madschnun MC 22,–

Swami Nadabrahmananda
Music of the Spheres MC 22,–
Raga-Bhaya Shri MC 22,–

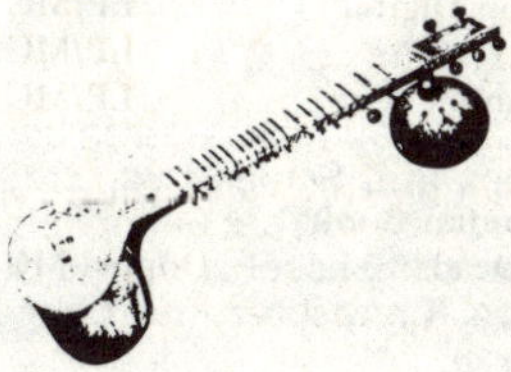

Peter Michael Hamel
Aura LP 22,–
Nada LP/MC 22,–
Colours of Time LP/MC 22,–
Bardo LP/MC 22,–
Transition 2-LP/MC 29,–

Between
Einstieg LP 22,–
And the Waters Opened LP 22,–
Contemplation LP 22,–
Dharana LP 22,–
Hesse-Between-Music LP 22,–
Silence Beyond Time LP 22,–

Yann
Golden Dawn –
A Tarot Experience MC 22,–

Aeoliah
Planetary Transformation MC 25,–
Inner Sanctum MC 25,–

Patrick Ball
Celtic Harp MC 25,–

Constance Demby
Sunborne MC 25,–
Skies above Skies MC 25,–
Sacred Space Music MC 25,–

Iasos
Crystal Love MC 25,–
Wave Nr. 1 MC 25,–
Angelic Music MC 25,–

Suzanne Doucet
Transformation MC 22,–
Transmission MC 22,–

Karl Schaffner
Mountains in the Sea MC 22,–

Bezug über den Fachhandel oder direkt bei:

NEW AGE

NEW AGE GmbH – Bücher und Schallplatten
Neureutherstraße 27, 8000 München 40,
Telefon 089 / 271 77 78, W. Germany

Healing Sound Series

Wissenschaftliche Forschungen, die in den letzten Jahren vor allem in den USA, aber auch in Europa durchgeführt wurden, haben bewiesen, wie sehr Musik den Menschen beeinflussen kann. Mit der Reihe **Healing Sound Series** wurde auf der Basis dieser Untersuchungen ein neues therapeutisches Instrument geschaffen. Die Klänge auf diesen Cassetten können im Zuhörer Phantasiebilder wachrufen und ihn in einen Zustand tiefer Entspannung versetzen. Sie sind bestens dafür geeignet, zur Ruhe zu kommen und abzuschalten vom Lärm und der Hektik des Alltags. Sie können nicht nur den Entspannungszustand herbeiführen und vertiefen, sie steigern auch die Kreativität, die Lern- und Konzentrationsfähigkeit und das Selbstbewußtsein des Zuhörers. Während Lärm uns krank machen kann, wirkt die hier vorgestellte Musik harmonisierend und beruhigend auf den Menschen und kann gezielt zur Heilung physischer und psychischer Störungen eingesetzt werden. Das Cassettenprogramm der **Healing Sound Series** wurde von der französischen Therapeutin Geraldine Patique ursprünglich für Therapeuten, Masseure, Yoga- und Meditationslehrer, Alpha-Trainer, Lehrer für autogenes Training usw. zusammengestellt. Dieses Programm steht nun auch interessierten Privatpersonen zur Verfügung, die mit Hilfe der Cassetten zu Hause einen tiefen Entspannungs- und einen gesammelten Bewußtseinszustand erreichen können.

Im Folgenden stellen wir Ihnen eine Auswahl der bisher lieferbaren Cassetten vor:
Preis pro Cassette (2 x 30 Minuten Spielzeit) DM 25.—

KAILASH (HSS 122) Eine Entspannungs-Cassette besonderer Art. Tibetische Glocken, Gongs und Schleier von Chören vermitteln dem Zuhörer einen Eindruck von der unendlichen Weite der Himalayas. Wir verwenden die Cassette wegen der feinen Schwingungen der tibetischen Klangschalen oft zur „inneren Reinigung" (spiritual purification).

SAMADHI (HSS 121) Ausgehend von einer warmen Baßschwingung entfalten sich gleichsam Klangsäulen, die weiter und weiter in den Himmel, ins Unendliche wachsen und auf wunderbare Weise eine Verbindung zwischen Erde und Kosmos schaffen. Die Schwingungen dieser Musik sind bestens für den Einsatz im Alpha-Training geeignet.

SHAKTI (HSS 125) Auf der A-Seite dieser Cassette fühlt sich der Zuhörer in die beruhigende Atmosphäre einer sommerlichen Waldlichtung versetzt, umgeben vom Gesang unzähliger Vögel, während das Stimmungsbild auf der B-Seite — unterlegt mit einem sanften Windrauschen — den Zuhörer wie auf einer Klangwolke davonschweben läßt.